KB271427

나는
왜 감정에
서툴까?

나는 왜 감정에 서툴까?

이지영 지음

청림출판

한 그루의 나무가 모여 푸른 숲을 이루듯이
청림의 책들은 삶을 풍요롭게 합니다.

서툰 내 감정의 주인으로
살아가는 법

저는 어릴 적부터 한 가지 지향이 있었습니다. 어떻게 하면 세속 안에서 살아가면서도 평온하고 자유로워질 수 있을까 하는 거였지요. 어디론가 도망치지 않고, 산으로 들어가지 않고, 목사나 수녀나 스님이 되지 않으면서도 말입니다. 그만큼 사는 게 힘들더라고요.

여러분은 어떠세요? 학생 때는 공부하느라 힘들고, 친구들과의 관계도 힘들고, 부모님의 기대에 부응하느라 힘들지요. 대학 가서는 내 자신에 대한 고민과 나에게 맞는 진로 찾기가 힘들고, 직장에서는 상사나 동료 직원들과의 관계를 비롯하여 돈 버는 게 쉽지가 않습니다. 그야말로 우리의 삶은 힘든 것투성이지요.

그런데 점차 알게 되었습니다. 내 지향의 중요한 열쇠가 바로 감정이라는 것을요. 그래서 감정 즉 정서를 연구하기 시작했고, 15년 가까이 감정과 감정조절에 대해 연구해 오고 있습니다. 어쩌면 지금 여기까지 오게 된 것은 모두 그러한 지향의 연속이었지 않나 싶습니다.

그리고 지금도 꿈꿉니다. 제가 죽는 날까지, 많은 사람들이 세상 속에서 좀 더 평온하고 자유롭고 행복해질 수 있도록 제가 알고 있는 것들을 함께 나누고 싶다고요.

그렇다면 감정은 무엇일까요? 감정과 정서는 같은 말입니다. 학문적으로는 조금씩 다른 개념이고 학자들마다 다양하게 구분하지만, 실제로 삶에서 '감정'과 '정서'는 거의 같은 의미로 통합니다. '감정'이 좀 더 가깝게 느껴지는 생활 용어이고, 정서는 학계에서 주로 사용하는 용어입니다.

요즘 어느 분야에서든 감정이나 정서라는 용어가 들어가지 않은 곳이 적을 정도로 감정과 정서는 매우 중요하게 다뤄지고 있습니다. 감정이나 감정조절에 관련된 책들도 굉장히 많이 나오고 있지요. 이러한 책들을 살펴보면 모두가 '감정이 중요하다', '감정조절이 필요해', '그러니까 감정을 억누르지만 말고, 표현하고 조절하라'고 조언합니다. 그런데 궁금해집니다. '어떻게 하라는 건데?'라고요.

대부분의 감정 관련 책에서 제시하고 있는 방법은 호흡이나 기

분 전환 방법, 생각 바꾸기 정도로 제한적인 경우가 많습니다.

그래서 알리고 싶었습니다. 많은 사람들에게 감정에 대해 바르게 이해하도록 안내하고, 감정을 효과적으로 조절하는 방법을 말입니다. 보다 많은 사람들에게 감정이 어떤 녀석인지, 어떻게 다룰 수 있는지, 어떻게 하면 감정과 함께 좀 더 평온하고 행복하게 살아갈 수 있는지 돕고 싶었습니다.

당신은 어떻습니까? 감정의 주인으로 살고 있습니까? 평소 감정에 서툴러 어떻게 다루어야 할지 난감할 때가 자주 있지 않습니까? 감정이 불편해서 한쪽으로 치워놓거나 억누르고 있지는 않습니까? 감정에 무디고, 누군가 자신의 감정을 말하면 불편하고, 감정은 삶에 도움이 되지 않는다고 생각하지 않습니까?

가끔 혹은 자주 감정의 소용돌이 속에서 살고 있지는 않습니까? 갑자기 강한 불안에 사로잡히기도 하고, 분노에 휩싸여 실수를 하거나 폭발하고 있지는 않습니까? 감정의 노예로 살고 있지는 않습니까?

우리는 소위 감정 때문에 친구나 연인을 잃기도 히고, 빌표나 일을 망치는 경우가 종종 있습니다. 한 번쯤 이런 경험이 있는 모든 분들에게 말하고 싶습니다. 감정 자체는 인간이 살아가는 데 도움을 줍니다. 우리는 감정이 있기 때문에 생존할 수 있고 환경에 적응할 수 있습니다. 다만 그 감정을 어떻게 다루느냐에 따라 감정으로 인한 영향이 긍정적이 될 수도, 부정적이 될 수도 있습니다.

잊지 마십시오. 당신이 감정의 방관자가 되느냐, 감정의 노예가 되느냐, 감정의 주인이 되느냐는 감정을 제대로 이해하고 조절할 수 있는지 여부에 달려 있습니다.

이 책은 감정에 서툰 당신에게 감정을 제대로 이해하고 다룰 수 있도록 안내할 것입니다. 내 맘대로 되지 않는 감정 때문에 속상했던 경험이 있는 분이라면, 소중한 사람을 잃고 중요한 일을 망쳐본 경험이 있는 분이라면, 이 책을 읽고 자신의 감정과 더 친밀해지는 경험을 하게 될 것입니다.

또한 더 나아가 당신에게 감정을 조절하는 방법을 속 시원히 알려줄 것입니다. 그리하여 당신을 감정의 노예가 아닌 주인으로 살게 만들어줄 것입니다.

Part 2 감정조절 연습하기 

Part 1

감정 알아가기

왜 감정에
서툰 걸까?

당신에게
감정은
어떤 모습입니까?

□ 언제 나를 잡아먹을지 모르는 무서운 호랑이 같다.

□ 불쌍한 듯 칭얼대는 고양이 같다.

감정에 대한
잘못된 생각들

감정은
참아야 하는 것이다?

태희는 며칠 전 오랜 친구 혜교를 만났습니다. 카페에 먼저 와 잡지를 보고 있던 혜교는 태희가 나타나자 반가워하며 "나는 아메리카노!"를 외치고는 다시 잡지를 보았습니다. 태희는 못마땅했지만 점원에게 다가가 지갑에서 카드를 꺼내 건넸습니다.

태희는 혜교와 만날 때면 늘 자신이 돈을 낸다는 사실에 기분이 나쁩니다. 그런데 그런 말을 꺼내면 소심하고 쩨쩨한 사람으로 비춰질까 두렵습니다. 그렇다고 계속 이렇게 지내자니 자신만 돈을 쓰는 상황이 억울하고, 자신을 배려하지 않는 친구에게 서운한 감정이 자꾸 올라옵니다.

당신이 태희라면 어떻게 하겠습니까?

□ 감정을 드러내서 좋을 게 뭐 있나요? 서로 마음만 상하고 관계만 틀어지지
요. 감정은 참아야 하는 거잖아요.

□ 억울해서 어떻게 계속 이러고 있어요? 얘기할래요. 참는 데도 한계가 있지.
전 못 참아요.

결국 태희는 어떻게 했을까요? 일단 참았습니다. 오랜 친구 관
계를 나쁘게 만들고 싶지 않았거든요. 지금까지 참았는데, 한순간
에 그동안의 노력을 허사로 만들고 싶지 않았으니까요. 그러나 가
슴속은 답답한 것이 울화가 치미는 것 같았습니다.

태희는 계속 시큰둥한 태도를 취했고, 그런 태희의 태도가 혜교
또한 신경이 쓰였습니다. 그러던 중 혜교는 문득 자신이 좋아하는
승헌 오빠 얘기를 시작했습니다. 태희 또한 승헌 오빠를 좋아하고
있던 터라 마음에 거슬렸습니다. 그때 혜교는 잘못해서 태희의 숟
가락을 떨어뜨렸고, 태희는 순간 버럭 화를 내면서 소리쳤습니다.
"좀 조심할 수 없니? 나 좀 배려하면 안 돼? 언제나 이런 식이야.
넌 너밖에 모르지?"

사람들도 있는데 언성을 높여 자신을 나무라는 태희의 모습에

혜교는 너무나 당황스러웠고, 급히 사과했습니다. 그러나 둘 사이는 서먹해졌고 그 만남 이후로 태희뿐 아니라 혜교도 전화를 하지 않고 있습니다.

과연 무엇이 문제일까요? 태희가 어떻게 하는 것이 바람직했을까요? 자, 지금부터 감정에 대해 얘기를 나눠볼까 합니다.

감정에 대한
오해와 편견

당신은 감정에 대해 어떻게 생각합니까?

☐ 감정은 이성을 방해한다.
☐ 감정은 비합리적이고 본능적이다.

만약 이 두 가지 모두에 체크했다면, 당신은 감정이 부정적인 것이라는 인식을 가지고 있을 것입니다. 그리고 감정은 억압하고 통제해야 한다는 생각을 가지고 있을지 모릅니다.

그렇다면 당신이 이 책을 선택한 것은 굉장히 잘한 일입니다. 감정에 대한 오해와 갈등이 풀리고, 감정과 새로운 허니문을 시작하게 될 테니까요. 감정은 당신의 편이 되어 요술램프의 지니처럼 당신에게 필요한 것들을 가져다줄 것입니다.

우리는 살아가면서 다음과 같은 얘기를 흔히 듣습니다.

"넌 너무 감정적이야."

"이성적으로 행동해."

"감정적으로 그러지 마."

이 얘기들은 모두 감정이 부정적이라는 가정하에 나오는 것입니다. 즉 '합리적인 사고와 행동을 방해하므로 감정은 억누르고 통제해야 한다'는 인식이 전제되어 있는 것입니다.

흥미롭게도 이런 관점은 고대 그리스 시대부터 이어져 오고 있습니다. 그리스 철학자 대부분은 감정을 이성적인 심리적 과정을 방해하는 비합리적이고 본능적인 현상으로 이해했습니다. 이런 태도가 현재까지 계속 이어지면서 일부 사람들은 감정이 합리적인 사고와 행동을 저해하거나 파괴하는 요인이라고 생각합니다.

일 때문에 어떤 분들을 만난 적이 있었습니다. 편하게 대화하는 과정에서 조금씩 당황함을 느끼셨던 모양입니다. 이야기를 하다 보면 얼마든지 그럴 수 있지요. 그런데 그 가운데 한 분은 자꾸만 "제 감정이 드러났나요? 평소엔 안 그러는데"라면서 불편해하며 반복적으로 의식했습니다. 그 모습을 보면서 '좀 당황하면 안 되나? 그게 어때서?'라는 생각이 들었습니다.

이처럼 많은 사람들에게 감정은 억누르고 통제해야 하는 것이고, 사람들 앞에서 드러내면 안 되는 것입니다. 그런데 정말 그럴

까요? 물론 아닙니다.

다윈을 통해 비로소 감정은 인간의 생존을 돕고 환경에 적응하도록 안내하는, 없어서는 안 될 적응적인 것임이 알려졌습니다. 사람들은 감정이 우리에게 미치는 긍정적인 영향에 주목하게 되었지요. 그리고 감정이 우리의 생존과 적응에, 나아가 시험 성적을 비롯한 성취와 성공에 얼마나 막대한 영향을 미치는지 깨달았습니다. 그럼에도 불구하고, 여전히 많은 사람들이 감정은 위험하고 다루기 힘들기 때문에 억압하고 통제해야 한다고 생각합니다.

도대체 왜 이렇게 감정에 대해 부정적인 인식이 생긴 것일까요? 그 해답은 바로 감정과 관련된 우리들의 경험 속에 있습니다.

대학원에 다니는 민아는 선배의 부탁으로 아는 분의 일을 도와드리게 되었습니다. 그분은 처음엔 간단한 일인 것처럼 얘기했고, 민아에게 친절하게 대했습니다. 그러나 점차 많은 것을 요구하는 데다 도덕적으로 해서는 안 되는 일들까지 하게 만들었습니다.

민아는 일을 하면서도 '이건 아닌데'라는 생각이 들었습니다. 하지만 선배의 소개를 받은 일이었기 때문에 잘 마무리 짓고 싶었습니다. 한편에서는 '설마 그런 분이 아니겠지' '나중에 내가 한 일에 대한 보수를 주겠지' 하는 기대가 있었습니다.

하지만 마지막 일을 마무리할 때, 그분은 오히려 민아가 제대로 일하지 않았다며 비난했고, 합당한 보수도 챙겨주지 않은 채 내쫓 다시피 했습니다. 민아는 너무나 억울하고 화가 났습니다. 어떻게 이럴 수가 있나, 이대로 당할 수는 없다는 생각이었습니다. 결국 그동안 쌓였던 감정이 폭발했고, 민아는 도망치듯 그 자리를 뛰쳐나왔습니다.

집에 돌아와서도 마음이 가라앉지 않았습니다. 며칠 뒤에 기말시험이 있는데 도저히 시험공부에 집중할 수가 없었습니다. 온통 그 일과 관련된 생각뿐이었습니다. 자꾸만 눈물이 흘렀습니다. 결국 시험을 망쳤고, 민아는 원하던 학점을 받지 못했습니다.

소희는 자동차 사고를 접수하는 콜센터에서 2년째 일하고 있습니다. 콜센터에서의 하루는 전쟁과도 같습니다. 자동차 사고와 관련해서 우는 사람, 짜증을 내는 사람, 화를 내는 사람, 취해서 헛소리를 하는 사람 등 온갖 고객들의 전화를 하루에도 150통 넘게 받습니다.

소희에게는 매 전화가 위기입니다. 그저 무사히 넘기기만 바랄 뿐입니다. 필요한 정보를 물어보면 모른다면서 자신의 이름을 확인하면 될 것 아니냐고 소리 지르는 고객부터 기분 나쁜 농담을 건네며 집적거리는 사람들까지, 소희는 콜센터에서 일하는 것이 마치 그들의 쓰레기통이 되어주는 것처럼 느껴져서 이 일을 계속해야 할지 회의가 들었습니다.

그러던 중 한 통의 전화가 걸려왔습니다. 전화를 받자마자 중년

남성의 욕설이 쏟아졌습니다. 소희는 가슴이 뛰기 시작했고 "나도 인격이 있는 사람이란 말야!"라고 외치고 싶었습니다. 그러나 꾹 참고 친절한 말투로 일상적인 멘트를 했습니다. 그랬더니 그 고객은 "왜 이렇게 말이 많아?"라면서 더욱 언성을 높였습니다. 더 이상 참을 수 없었던 소희는 차분하게 말했습니다. "고객님, 말씀을 불쾌하게 하시네요. 제게 그렇게 욕하시면 안 되죠."

그러나 고객은 더욱 심한 욕을 퍼부었고 소희도 점차 화를 내기 시작해 나중엔 고성과 막말이 오가는 대화가 되어버렸습니다. 고객은 "가만 두지 않겠어. 너, 기다려"라며 전화를 끊었습니다. 그리고 얼마 있지 않아서 소희는 상사에게 불려갔습니다. 그 고객은 사회적 지위가 있는 사람이었고, 소희는 결국 직장을 그만두어야 했습니다.

이런 일들은 우리 주변에서 자주 일어납니다. 소위 '감정적'이 되어서 관계를 망치고 일을 망칩니다. 이성적으로 행동하지 못해서, 감정을 폭발해서 문제가 발생합니다. 이런 경험을 자주 하다 보면 감정은 내 시험을 망치고, 내 발표를 망치고, 소중한 친구와의 관계를 망가뜨리고, 일자리를 잃게 하는 위협적인 존재가 되어버립니다. 그러고는 감정을 원망하게 되지요. '감정 때문에 내가 이렇게 되었어.' 그런 다음에는 '어떻게든 감정을 억눌러야 해' '감정을 드러내는 건 내가 미성숙하다는 것을 의미해' '감정을 드

러내지 않고 최대한 이성적으로 보여서 좋은 인상을 심어줄 테야'
라는 생각으로 발전합니다.

감정을
탓하지 마라

그런데 과연 이런 일들이 일어난 것이 감정 때문일까요?

결코 그렇지 않습니다. 감정 자체는 우리의 생존과 적응에 도움
이 되는 정보를 제공합니다. 다만 그러한 감정을 어떻게 다루느냐
에 따라 개인에게 이로울 수도 있고, 그렇지 않을 수도 있는 것입
니다.

태희는 혜교에 대한 섭섭한 감정을 적절히 조절하지 못해서 오
랫동안 애써 유지해왔던 혜교와의 관계를 망치고 말았습니다. 민
아는 억울하고 화나고 불안한 감정에 압도되어 중요한 시험을 제
대로 준비하지 못했습니다. 소희는 불쾌하고 화난 감정을 적절히
다스리지 못해 직장을 잃고 말았습니다.

그러나 대부분의 사람들은 본인이 잘 다루지 못해서임을 인정
하지 못하고, 감정 자체를 두려워하고 불편해합니다. '감정은 이
성을 방해하는 비합리적이고 본능적인 것이다' '감정은 억누르고
통제해야 한다' '다른 사람에게 감정을 노출해서는 안 된다' 등.

이는 모두 감정을 제대로 이해하지 못하는 데서 기인합니다.

자신이 느끼는 감정을 알아차리고 그것이 제공하는 정보를 활용하는 것이 중요한데, 감정을 억압하고 무시함으로써 감정이 삶에 미치는 긍정적인 영향과 혜택을 제대로 받지 못하는 경우가 너무나 많습니다.

만약 감정이 당신이 하고자 하는 일이나 관계에 부정적인 영향을 미쳤다면, 그것은 감정 자체의 문제가 아니라 감정을 잘 다루지 못해서입니다. 안타깝게도 우리는 이를 잘 깨닫지 못합니다.

왜
감정이 생길까?

감성은
이성의 반대다?

당신은 감성과 이성에 대한 설명 중 어느 의견에 동의합니까?

☐ 감성이 강한 사람은 이성이 약하다.
☐ 감성이 강한 사람이 이성도 강할 수 있다.

제가 본격적으로 감정에 대해 관심을 갖게 된 것은 대학 입학 직후였습니다. 당시 선배들은 신입생들을 모아 역사부, 철학부 등 다양한 학회나 스터디를 진행했는데, 학회 모임을 비롯해 대학생활 전반에 걸쳐 온통 이성, 지성, 합리를 강조하는 얘기들뿐이었습니다. 누구도 감정을 언급하는 사람은 없었습니다.

감정을 표현하거나 드러내면 "이성적으로 행동해야지" "넌 정서적인 것 같아"라고 말하기도 하고, 이성적이냐 정서적이냐로 구분해 사람들을 평가하는 것을 자주 보았습니다. 그러한 관점은 지금도 쉽게 접할 수 있습니다. 예를 들어, 제가 연구를 하거나 강의하는 모습을 접한 분들은 저에 대해 "논리적이고 이성적이다" "강하고 냉철해 감정을 별로 느끼지 않을 것 같다"라고 말합니다. 반면 같이 어울려 놀고 이야기를 나누었던 분들은 제가 '감정적'이라고 말합니다. "이성적이고 논리적인 부분은 떨어질 것 같다"는 말을 돌려서 하기도 합니다.

과연 이성과 감정은 함께할 수 없는 것일까요? 누군가에 대해 감정적이라거나 정서적이라고 말하는 것은 그 사람의 태도가 그리 바람직하지는 않다는 판단을 포함하는 경우가 많습니다. 정말 감정은 합리적인 사고와 행동을 방해하는 것일까요? 그래서 느끼거나 드러내서는 안 되는 것일까요?

한 마디로, 감정은 옳거나 그르지 않습니다. 합리적이지도 비합리적이지도 않습니다. 감정은 인간으로 하여금 환경으로부터 생존하고 적응할 수 있도록 돕기 위해 고안된 체계입니다. 그렇기 때문에 이성보다 생물학적으로 더 오래되었고, 즉각적으로 반응하며 보다 빨리 작동하는 행위 체계인 것입니다.

이유 없는
감정은 없다

당신은 다음 중 어느 의견에 동의합니까?

☐ 감정은 이유 없이 발생할 수 있다.
☐ 감정이 생기는 데는 반드시 이유가 있다.

오랜만에 만난 인성이의 표정이 왠지 안 좋습니다. 민희가 걱정스럽게 묻습니다. "무슨 일 있어?" 하지만 인성이는 아무 일 없다고 대답합니다. 민희는 고개를 갸웃거립니다. "표정이 안 좋은데?" "별일 없다니까."

이렇듯 분명히 표정의 변화가 있는데, 눈에 두드러지게 우울하거나 힘들어 보이는데 이유가 없다고 답하는 사람들을 종종 볼 수 있습니다. 어떤 경우는 오히려 성질을 내며 말합니다. "감정에 무슨 이유가 있어? 그냥 화난 거라고!"

과연 그럴까요? 단언컨대 이유 없는 감정은 없습니다. 감정은 그냥 발생하지 않습니다. 감정이 느껴진다면, 분명 이유가 있는 것입니다. 다만 이를 무시하거나 모르고 있을 뿐입니다.

감정은 어떤 자극이나 상황이 자신의 관심사나 목표와 관련 있을 때 생깁니다. 관심이 없으면 감정 또한 생기지 않습니다. 예를

들어, 늦게 퇴근하는 길에 집 근처 마트를 지나고 있다고 가정해 봅시다. 만약 내일 아침식사를 준비하기 위해 음식거리를 살 계획이었다면, 당신은 닫힌 마트를 보면서 당황할 것입니다. 그러나 그렇지 않다면 무심히 그 앞을 지나갈 것입니다.

옆 부서에서 일하는 김 대리가 갑자기 전화해서 한번 만나자고 합니다. 평소 관심이 없는 사람이라면 별 감정이 생기지 않을 것입니다. 그저 '왜 보자고 하지?'라고 궁금한 정도이겠지요. 그러나 평소에 관심이 있던 사람이라면, 전화를 받은 그 순간부터 설렐 것입니다.

동료 가운데 한 남성이 다른 여성을 좋아한다는 얘기를 들었습니다. 그 남성에게 별 관심이 없다면 "아, 그래?"라며 대수롭지 않게 지나갈 것입니다. 그러나 당신이 그 남성에게 호감이 있고 좋은 관계로 진전되기를 바라고 있다면, 실망스러워 가슴 한구석이 허해지는 느낌을 받을지 모릅니다.

감정은 당신에게 다가온 무언가가 당신의 관심사·욕구·목표와 관련되어 있을 때 경험하는 것입니다. 그 무언가는 어떤 말 한 마디나 몸짓일 수도 있고, 상황일 수도 있으며, 무심코 떠오른 생각이나 이미지일 수도 있습니다. 이런 사건이나 자극이 당신의 목표를 이루는 방향으로 작용할 때 즐겁고 흥분되는 긍정적인 감정을 느낄 것이고, 반대로 목표를 달성하는 데 방해가 되는 방향으로 작용할 때 실망하거나 불안하거나 화가 나는 등의 부정적인 감정을 느낄 것입니다.

관심이 없다면, 욕구가 없다면, 바라는 것이 없다면 감정은 느껴지지 않습니다. 어떤 감정을 느끼고 있다면, 마음 안에 바라는 것이 있기 때문입니다. 그리고 그 자극이나 대상이 당신이 바라는 바에 어떤 식으로든 영향을 미치리라 스스로 판단한 것입니다.

우성이가 동건이를 싫어하는 진짜 이유

동건이는 인기가 많습니다. 여학생들 사이에서도 매너 좋고 착한 아이로 통합니다. 담임선생님은 모범적인 동건이를 믿음직스러워하고 늘 칭찬합니다. 동건이는 언제나 환영받는 아이입니다. 공부도 잘하고 친구들과 잘 어울리고 자신의 것을 기꺼이 함께 나누기 때문입니다.

그런데 요새 우성이가 자꾸 동건이에게 시비를 겁니다. "그래, 잘났어. 너만 잘하면 되지?"라며 비아냥거리기도 하고 간혹 심한 말을 내뱉기도 합니다. 동건이는 우성이가 마음에 쓰입니다. 자신의 무엇이 잘못되었기에 우성이가 그렇게 싫어하는지 알 수가 없습니다. 자신을 반성하고 돌아보지만 그저 답답할 뿐입니다. 그래서 위축되고 의기소침해지며 자신감이 없어집니다.

많은 경우 이런 상황에 처하면 자신에게 문제가 있는 건 아닌지 고민합니다. 물론 그럴 때도 있습니다. 정말 자신의 행동이 문제여서, 자신이 잘못을 저질러서 다른 사람으로 하여금 불쾌감을 느끼게도 합니다. 그러나 늘 그런 것은 아닙니다.

감정은 어떤 자극이나 대상이 당신의 관심사나 목표와 관련된 것으로 평가되는 순간 느껴지는 것입니다. 감정을 느끼고 있다면 그건 당신의 그 무엇인가가 건드려졌기 때문입니다. 즉 우성이는 무언가를 바라고 있고, 동건이의 무언가가 그 바람을 방해한다고 스스로 평가를 내린 것입니다. 예를 들면, 우성이는 친구들의 인기를 자신이 독차지하고 싶다는 바람을 가졌을 수도 있고, 정재라는 친구와 더 가까워지고 싶은데 정재가 동건이를 더 좋아하기 때문에 속이 상해 그랬을 수도 있습니다.

반대로 당신이 어떤 사람에게 불편한 감정을 느끼고 있다면 꼭 그 사람 때문이 아닐 수 있습니다. 그 사람에게 바라는 무언가가 있기 때문에, 아니면 바라는 것이 그 사람으로 인해 이루어지지 않을지 모른다고 생각했기 때문일 수 있습니다.

만약 비슷한 경험을 하고 있다면 이렇게 생각해 보십시오.

'저 사람이 나를 불편해하는 것은 나 때문이 아니라 저 사람 마음속의 무언가가 건드려졌기 때문인 거야.'

'내가 저 사람이 불편한 것은 저 사람 때문이 아니야. 내 마음속의 무언가가 건드려졌기 때문이야.'

감정이
필요한 이유

감정은
생존의 무기다

주원 씨는 동해안으로 차를 몰고 여행을 떠났습니다. 그런데 마침 여름 장마 기간이라 비가 세차게 쏟아졌고, 고불고불 산길에 접어 들었을 때는 곳곳에 '낙석 주의'라는 푯말이 보였습니다. 겨우겨우 산 아래로 내려왔을 때, 날은 캄캄했고 안개까지 자욱하여 앞이 보이지 않았습니다. 문득 불안이 엄습해 오면서 심장이 터질 듯이 뛰기 시작했습니다. 주원 씨는 급기야 갓길에 차를 세웠습니다.

주원 씨는 앞이 좀 더 잘 보일 때까지 기다리기로 했습니다. 마침 내 안개가 걷혀 밖으로 나와 보니 커다란 바위가 떨어져 길은 망가지

고 앞이 가로막혀 있었습니다. 소름이 끼쳤습니다. 거기서 차를 멈추지 않았다면 바위와 충돌하면서 사고가 났을 것이기 때문입니다.

이처럼 갑자기 엄습해 오는 불길함과 공포감에 급히 차를 세우거나 그 자리를 피해 목숨을 건졌다는 뉴스를 종종 접하곤 합니다. 감정을 느끼고 그 감정이 이끄는 대로 따랐기 때문에 살아남을 수 있었던 것입니다.

주원 씨 역시 영문 모를 공포감에 휩싸여 본능적으로 차를 세웠고, 위험을 피할 수 있었습니다. 이처럼 감정은 상황에 필요한 행동을 유발합니다. 생리적 변화를 일으키고 특정한 행동을 빠르게 준비시킵니다. 취해야 할 행동들 가운데 무엇을 먼저 해야 하는지 우선순위를 결정하고, 그 목표를 달성하기 위해 특정 행위를 하도록 만듭니다. 도서관에서 화재가 났을 때 계속 자리에 앉아 과제를 해야 하는지 얼른 뛰쳐나와야 하는지를 알려줍니다. 감정이 있기 때문에 우리는 이렇게 살아남아 있는 것입니다.

감정은 정보다

감정을 한마디로 정의하라면 저는 '정보'라고 말하겠습니다. 우리는 감정을 통해 주변의 자극이나 대상, 상황이 우리에게 어떤 의미가 있는지, 우리의 목표에 어떤 방향으로 영향을 미치는지, 우리가 어떤 상태에 있는지 등 다양한 정보를 얻을 수 있습니다. 다만 감정이 주는 정보를 읽고 그것을 어떻게 처리하고 활용할 것이냐는 우리들 각자의 몫입니다.

그렇다면, 감정은 우리에게 어떤 정보들을 줄까요?

건강상의 이유로 등산을 시작했는데 하고 나서 기분이 좋아졌다면, 당신은 '앞으로는 등산을 자주 해야겠다'라고 생각할 것입니다. 즉 유쾌한 감정을 통해 등산이 당신이 바라는 것을 이루도록 돕는 긍정적인 대상임을 알았기 때문입니다.

감정은 이처럼 감정을 유발한 자극에 대한 정보를 제공합니다. 그 자극이 당신에게 이로운지 이롭지 않은지, 또는 그 자극에 다가갈지 물러서야 할지에 대한 정보를 주는 것입니다.

성일이는 친구로부터 앵란이를 소개받아 함께 저녁식사를 하며 데이트를 했습니다. 성일이는 앵란이와 같이 있는 동안 가슴이 설레고 기분이 좋았습니다. 헤어지기가 아쉬웠습니다. 앵란이를 보내고 돌아선 성일이는 자신의 마음을 알아차립니다. '앵란이와 함께 있는 시간이 즐거웠구나. 계속 만났으면 좋겠다.' 성일이는 앵란이에게 좀 더 다가가리라 마음먹습니다.

반면 만날 때마다 기분이 찜찜하고 불쾌한 사람도 있습니다. 그렇다면 그 사람은 당신이 바라는 것을 방해하거나 당신의 삶을 이롭게 하지 않을 가능성이 큽니다. 한마디로 도움이 안 되는 사람이지요. 따라서 만남을 피함으로써 그 사람 때문에 발생할 수 있

는 부정적인 영향으로부터 자신을 보호할 수 있습니다.

잘 둘러보십시오. 혹시 만날 때마다 기분이 좋지 않은데 그 감정을 무시하고 계속 만나는 사람이 있지는 않습니까? 그래서 늘 손해 보는 것 같고 불쾌해져서 당신의 정신건강을 해롭게 하고 있지는 않습니까?

적성이나 진로 또한 마찬가지입니다. 수학과에 온 정음이는 숫자와 씨름하는 것이 탐탁치가 않습니다. 전공 수업 시간에는 자꾸만 졸리고 지겹습니다. 이런 기분이 반복되면서, 정음이는 자신이 수학과 잘 맞지 않고 수학은 자신이 바라는 게 아니라는 사실을 알게 됩니다. 부모님 모두 수학 교사가 되기를 원해 입학은 했지만 이 길이 아니라는 느낌을 지울 수가 없습니다. 정음이는 결국 다른 진로를 찾아야겠다고 결심합니다. 그러나 자신에게 맞는 것을 발견하기가 쉽지 않습니다.

그러던 어느 날 정음이는 도서관에서 심리학 관련 책을 읽었습니다. 이해가 잘 되었고, 시간 가는 줄 모르고 책을 읽었습니다. 정음이는 그 책에서 상담심리학과 임상심리학이라는 분야가 있다는 사실을 알게 되어 개론서를 찾아 펼쳐보았습니다. 가슴이 쿵쾅쿵쾅 뛰기 시작했습니다. 너무나 흥분되고 설레었습니다. 결국 정음이는 심리학 공부를 시작할 결심을 했습니다.

자신이 무엇을 좋아하는지, 어떤 일이 잘 맞는지 찾지 못해 방황하는 사람들이 많습니다. 어쩌면 자신의 감정 코드를 무시하거나 닫아놓고 있기 때문일지 모릅니다. 다양한 경험을 하며 그 활동 속에서 매순간 느끼는 감정을 살펴본다면, 자신에게 가장 잘 맞는 그리고 진정으로 원하는 것을 찾아갈 수 있을 것입니다.

감정이 알려주는
관계의 거리

감정은 우리가 맺고 있는 관계에 대한 정보도 제공합니다. 주변 사람들을 떠올려 보십시오. 혹시 알고 지낸 지 오래된 사이지만 아직도 둘만 만나면 무슨 말을 해야 할지 모르겠고 긴장되어, 다른 사람이 함께 있어야 괜찮은 사람이 있지 않습니까? 그렇다면 그 사람과는 아직 가깝고 신뢰 있는 관계가 아닐지 모릅니다. 반면 만날 때 별 얘기를 하지 않아도 좋고 함께 있는 것만으로 편안한 사람이라면, 그 사람은 매우 친밀한 사이일 것입니다.

저에게도 그런 사람들이 있습니다. 오랜 만남을 반복하며 많은 얘기를 나누면서 점점 신뢰를 쌓아간 친구도 있지만, 그런 과정 없이 처음 만난 순간부터 왠지 모르게 서로를 이해할 수 있을 것 같았던 사람들도 있습니다. 그들은 아직도 제 곁에서 가장 가까운 사람으로 자리하고 있습니다.

그런데 우리는 가끔 관계의 상태를 착각하기도 합니다. 혹시 가

까운 관계라고 생각했는데 상대방은 그렇게 생각하지 않았다거나 실제로는 그리 가깝지 않았다는 걸 깨달은 적 없습니까?

오랫동안 뭔가 껄끄럽고 걸리는 게 있지만 이를 무시하고 가까운 관계라고 믿는 경우가 있습니다. 그러다 어떤 사건으로 여러 감정을 경험하면서, 그제야 자신이 쏟은 정성과 시간에 비해 그 사람과는 가까운 관계가 아니었음을 알게 되곤 합니다. 그럴 때면 정말 씁쓸하고 아픕니다. 그만큼 그 사람에게 많은 것을 기대하고 믿었기 때문에, 이를 인정하고 도려내기란 실로 고통스럽습니다. 하지만 그렇게 인정하고 놓아버리는 것이 서로에게 더욱 좋은 결과를 낳기도 합니다.

감정은
상황 파악을 돕는다

당신은 다음 중 어느 쪽에 속하는 편입니까?

☐ 나는 평소에 눈치 없다는 말을 자주 듣는다.
☐ 나는 평소에 눈치가 빠르다는 말을 듣는 편이다.

강희는 평소에 영사, 은희, 숙이와 자주 어울립니다. 그날도 함께 모여 얘기를 하고 있는데, 강희가 최근에 가까워진 남자친구 얘기를 꺼냈습니다. 강희가 얘기 할수록 분위기는 냉랭해지고 긴 장감마저 돌았습니다. 숙이는 이런 분위기를 곧바로 알아챘습니다. 특히 영자의 심기가 매우 불편한 듯 보였습니다. 숙이는 강희에게 계속 눈짓을 했지만, 강희는 눈치 채지 못한 채 남자친구 얘기를 계속했습니다.

만약 강희가 이런 분위기를 감지했다면, 강희는 자신의 말이 적절치 못하다는 것을 짐작하고 하던 얘기를 멈추거나 화제를 돌릴 수 있겠지요. 그런데 안타깝게도 강희는 눈치가 없는 편에 속합니다. 이런 사람들은 상황을 잘 파악하지 못하고 주변 사람들의 감정을 알아차리지 못합니다. 그래서 주변 사람들로 하여금 만남을 꺼리게 만듭니다.

감정은 이처럼 현재 상황에 대한 평가와 관련된 정보를 제공합니다. 우리는 어떤 자극이나 대상 또는 상황이 우리의 관심사나 목표에 어떤 영향을 미치는지 평가합니다. 그런데 이 평가는 자신도 모르게 자동적으로 일어나는 경우가 많습니다. 그러니 그렇게 빨리 감정을 느끼는 것이지요. 그래서 자신이 느끼는 감정을 살펴보고 거슬러 올라가 보면, 자신이 그 대상에 대해 어떤 평가를 내렸는지 알 수 있습니다.

감정은 표정으로, 표정은 의사소통으로

자꾸 만나달라고 쫓아다니는 지호 때문에 혜수는 고민입니다. 지호가 마음에 들지 않지만 오랫동안 알아온 직장 동료여서 딱 잘라 거절했다가는 관계가 어색해질까 봐 걱정입니다. 그래서 지호를 볼 때마다 딱딱한 표정을 짓고 일부러 웃지도 않습니다. 혜수는 '이 정도 했으면 내가 어떤 마음인지 알아차렸겠지?'라고 생각하지만, 지호는 그런 혜수의 표정을 '밀당을 하고 있구나. 괜히 좋으면서'라고 해석합니다.

반면 이를 지켜보던 인국이는 마음이 놓입니다. '혜수 씨가 지호 씨를 좋아하지 않는구나. 나에게도 기회가 있겠네.' 혜수가 피곤해하는 것을 본 인국이는 고급 원두커피를 건네며 "주말에 바람이나 쐬러 가지 않을래요?"라고 가볍게 말을 건넵니다. 그런데 혜수가 웃습니다. 인국이는 혜수가 자신에게 약간의 호감이 있음을 짐작하며 안도의 한숨을 내쉽니다.

감정은 저마다 독특한 표현 방식을 갖고 있습니다. 화가 나면 심장박동수가 빨리지고 혈압이 상승히며 눈썹이 가운데로 몰리면서 인상이 찌푸려집니다. 그래서 우리는 표정만 보고서도 그 사람이 어떤 감정 상태인지 짐작할 수 있고, 그것이 우리에게 어떤 메시지를 주는지 알 수 있습니다. 이런 방식으로 감정은 의사소통을 돕고 갈등을 피하게 해줍니다.

예를 들어, 친구들과 새벽까지 술 마시고 놀기 위해 나가려다가도 말썽피우는 아들 문제로 심기가 불편한 아내의 표정을 보고는 조용히 방으로 들어갑니다. 그럼으로써 부부싸움 등 심각한 사태를 미연에 방지할 수 있지요.

또한 차마 말은 못해도 얼굴을 찡그리거나 불쾌한 표정을 지음으로써 '난 네가 싫어. 내게 오지 마'라는 메시지를 전달할 수 있습니다. 그런데 지호처럼 표정에 담긴 메시지를 읽지 못한다면, 정말 답답할 것입니다. 게다가 '뭔가 안 좋은 일이 있었나보다. 내가 달래주어야겠다'고 해석해서 더욱 적극적으로 다가온다면 말입니다. 감정을 제대로 읽는다면 관계를 더욱 악화시킬 일도 없을 것입니다.

결정을 못 내릴 땐 감정에게 물어라

당신은 다음 중 어느 쪽에 속합니까?

□ 나는 어떤 결정을 내리기가 힘들다.

□ 나는 어렵지 않게 결정을 내리는 편이다.

수애는 평소 우유부단하다는 말을 많이 듣는 편입니다. 친구들을 만날 때도 먼저 무얼 먹으러 가자고 말한 적 없이 친구들의 의사를 따릅니다. 남자친구인 병헌이는 수애를 배려하기 위해 자주 묻습니다. "오늘 뭐 할까?" 수애는 "글쎄. 병헌 씨 하고 싶은 것 하자"라고 대답합니다. "그럼 뭐 먹으러 갈까?"라고 물으면 "병헌 씨는 뭐 먹고 싶은데?"라고 오히려 되묻습니다. 병헌이는 수애가 뭘 좋아하는지 알 수 없어 답답하기만 합니다. 하지만 수애는 신경 쓰지 않아도 된다고, 나는 다 좋다고만 합니다.

우리는 살아가면서 다양한 결정을 내립니다. 아침에 밥부터 먹고 씻을지 씻고 나서 밥을 먹을지, 점심식사는 누구와 무얼 먹을지 등 일상적인 결정부터, 집주인이 전세 보증금을 올려달라는데 계속 살아야 할지 다른 전셋집을 구해야 할지 아니면 대출을 받아 집을 사버릴지 등 결정해야 할 일은 수없이 많습니다.

혹시 당신은 점심 때 무엇을 먹을지 선뜻 결정하지 못하거나 주변의 제안에 명확한 답변을 주기 어려워하지는 않습니까?

사소한 일부터 진로나 결혼, 사업 같은 중요한 일에 이르기까지 결정하는 데 어려움을 겪는 사람이 의외로 많습니다. 이들은 매번 망설이고, 주변으로부터 우유부단하다는 얘기를 자주 듣습니다.

혹자는 판단과 결정에 감정은 방해가 될 뿐이라고 말합니다. 정말 그럴까요? 결코 그렇지 않습니다. 오히려 결정적인 역할을 합니다. 의사결정을 하는 데 중요한 판단의 근거가 바로 우리의 욕구와 관심사이기 때문입니다. 결정하기 어려워하는 사람들의 가장 큰 특징 중 하나가 감정에 몹시 무디고 감정을 잘 알아차리지 못한다는 것입니다.

결정을 내리려면 내가 무엇을 먹고 싶은지, 그 사람과 일하고 싶은지, 그 일을 하면 행복할지 등을 우선 파악해야 합니다. 어떤 선택이 내가 바라는 바를 충족시켜 줄지 판단해야 합니다.

그런데 이를 어떻게 알 수 있을까요? 답은 감정에 있습니다. 우리의 욕구와 관심사가 무엇인지 알게 해주는 것은 감정의 중요한 기능입니다. 사람들이 추어탕을 먹으러 가자고 했을 때 선뜻 내키지 않는다면, 먹고 싶지 않은 것입니다. 이성 친구가 다른 여자에게 관심을 두는 것에 기분이 상한다면, 당신은 그 친구에게 우정 이상의 호감이 있을 가능성이 큽니다.

따라서 감정을 활용해 의사결정을 할 수 있습니다. 예를 들어, 무인도로 가야 하는데 모든 물건을 가지고 갈 수 없는 상황이라고 합시다. A, B, C 가운데 하나만 가지고 갈 수 있다면 무엇을 선택하겠습니까? 이때 좋은 방법은 각각을 두고 왔을 때 느껴지는 서운함과 안타까움이 어느 정도인지 상상해 보는 것입니다. 만약 A를 두고 왔을 때 느껴지는 안타까움이 B와 C를 두고 왔을 때보다 강하다면, 당신은 A를 가장 원하고 있는 것입니다. 그러니 B와 C를 두고 A를 가방에 넣는 것이 당신에게 도움이 될 것입니다.

그런데 어떤 대상에 대한 감정을 잘 느끼지 못하고, 느낀다 해

도 무심히 지나친다면 어떻게 될까요? 당신은 수많은 결정의 순간에 늘 망설이고 답답해할 것입니다. 결정하는 일이 누군가의 도움 없이는 어려울지도 모릅니다.

한식을 먹을지 중식을 먹을지, 지금 편하게 만나고 있는 원빈과 현빈 가운데 원빈과 사귈지 현빈과 사귈지 도무지 선택을 할 수 없습니다. 동욱이와 만난 지 벌써 3년이 흘러 주변에서는 결혼을 기대합니다. 특별히 설렌다거나 정말로 좋아하는지도 모르겠는데, 동욱이와 결혼을 해야 할지 말아야 할지 결정하기가 너무 어렵습니다. 혹은 주변의 독촉에 못 이겨 어떤 결정을 내리고는 후회하거나 결정을 번복하고 싶어 합니다.

감정은 쓸데없거나 억압해야 하는 것이 아닙니다. 감정은 우리가 환경에 적응하고 원만한 사회생활을 할 수 있도록 해주고, 수많은 선택과 문제 상황 속에서 우리에게 이로운 결정을 할 수 있도록 도와줍니다.

감정은 느끼고
표현하기만 해도 된다

누군가의 하소연이
부담스러운 까닭

동엽이와 희선이는 입사 동기로 친하게 지내는 편입니다. 동엽이는 말이 없는 데 반해 희선이는 자신의 얘기를 자주 합니다. 요새는 동엽이를 불러내 하소연을 하는 경우가 부쩍 잦아졌습니다. 어떤 때는 열을 내면서 상사인 김 과장이 자신에게 어떻게 했는지를 잔뜩 쏟아놓습니다. "정말 나쁜 놈 아니냐?" 동엽이는 당황스럽습니다. 평소 김 과장에 대해 나쁜 감정을 가지고 있지 않은 터라 뭐라고 말해야 할지 모르겠습니다.

게다가 희선이는 진로에 대해 생각이 많습니다. 의류 디자인에

관심이 커서 직장을 그만두고 다시 공부를 해야 할지 고민이라고 합니다. 무슨 말인가 해줘야 할 것 같은데 딱히 뭐라고 해야 할지 몰라 동엽이는 또 당황스럽습니다. 희선이가 화가 나 있거나 우울할 때도 어떻게 해줘야 할지 몰라 식은땀이 날 지경입니다. 그저 그 자리를 떠나고만 싶을 뿐입니다.

당신이 동엽이라면 어떻게 하겠습니까?

□ **희선이에게 해결 방법을 알려주겠다.**
□ **희선이의 말을 가만히 듣고만 있겠다.**
□ **가능한 한 희선이와의 자리를 피하겠다.**

많은 사람들이 상대방의 힘든 감정을 들으면 해결해 주어야 할 것처럼 생각합니다. 그래서 필요한 방법을 강구해 주려 합니다. 딱히 방법이 떠오르지 않으면 머릿속이 하얗게 되어 당황스럽기만 합니다.

당신은 어떻습니까? 아내가 시어머니에 대한 힘든 감정을 얘기할 때, 남편이 직장생활이 힘들다며 때려치우고 싶다고 말할 때, 자녀가 공부하기 힘들다고 얘기할 때 어떻습니까?

많은 사람들이 누군가 감정을 표현하면 부담스러워합니다. 심지어 감정적인 얘기 자체를 꺼리며, 감정 표현 잘하는 사람들을 피하기도 합니다. 감정을 불편해하거나 이성을 중시하는 사람일수록 이런 경향이 심합니다.

왜 그럴까요? 감정은 무언가를 요구하는 것이고, 따라서 해결해주어야 한다는 생각 때문입니다. 그래서 누군가 감정을 표현하면 당황스럽고 어떻게 해주어야 할지 몰라 부담스러워합니다.

느끼고 표현하는 것만으로 충분하다

그런데 번지수를 잘못 짚었습니다. 감정이 요구하는 것은 단지 느껴지고 표현되는 것뿐입니다. 체험적 심리치료 이론의 하나인 게슈탈트 심리치료에서는 말합니다. "감정은 표현하기를 요구한다."

자연스럽고 건강한 감정은 자극에 반응해서 나타나고, 그 감정을 충분히 느끼고 표현하면 사그라지며, 또 다른 자극에 반응해 나타나고 느끼고 표현하면 사라집니다.

그러나 표현되지 못한 감정은 미해결 과제로 남습니다. 표현이 이루어져 완결될 때까지 계속 요구하며 우리에게 영향을 미칩니다. '나 아직 표현되지 못하고 있어. 나 좀 표현되게 해줘.' 그러다 느끼고 표현되면 조용히 사라집니다.

체험적 심리치료 강의를 수강하던 한 분은 중학교 상담교사였

습니다. 강의에서 감정에 대해 배운 그분은 배운 것을 실천해 보기로 했습니다. 어느 날 문제아로 악명 높은 한 아이가 화가 잔뜩 난 채 상담실로 들어왔습니다. 평소에도 부담스러운 아이였는데 화난 표정을 보니 더 긴장됐습니다. 그러나 강의에서 배운 대로 아이가 화난 감정을 충분히 느끼고 표현하도록 도와야겠다고 마음먹었습니다. "화가 많이 난 모양이구나. 화난 대로 한번 표현해 볼래?"

아이는 기다렸다는 듯이 마구 욕을 하기 시작했습니다. 급기야 교사들 한 사람 한 사람 실명을 거론하며 화를 표현하기 시작했습니다. 그분에게는 동료들이었기 때문에 그 상황이 무척 불편했지만 충분히 들어주자고 마음먹었습니다.

그러나 아이의 얼굴이 보이는 것이 거슬리고 불편하게 느껴졌습니다. 참다가 안 되겠다 싶어 상담할 때 사용하는 기록판을 들어 얼굴 옆에 살짝 갖다 대었습니다. 그 순간 아이가 말했습니다. "아, 선생님. 잘하셨어요. 저도 자꾸 선생님 얼굴이 보이는 게 거슬렸는데." 이제 좀 나이졌다는 아이는 더욱 열심히 욕을 하며 화를 표현했습니다. 주어신 상담 시간이 다 끝났을 때 아이는 차츰 화가 가라앉는 듯 보였습니다. 그리고 종이 울리자 "이제 됐어요. 저 갈게요"라며 환한 얼굴로 방을 나섰습니다.

신기한 변화였습니다. 상담교사로서 한 일은 그저 화를 표현하도록 한 것뿐인데, 아이의 얼굴이 환해진 것입니다.

누군가 감정을 표현하고 있다면, 그 감정을 계속 표현하도록 돕는 것으로 충분합니다. 존재하지도 않는 해결책을 찾으려 노력할 필요가 없습니다. 설령 찾았다 해도 만족스럽지 않을 것입니다.

잊지 마십시오. 감정은 느끼고 표현하는 것만으로 충분합니다.

"엄마는 그냥
들어주기만 하면 되었어요."

정서조절 코칭 프로그램에 참여했던 분의 이야기입니다.

타지에 있는 딸이 힘들다고 전화를 할 때마다 몹시 걱정하고 불안해하는 분이 있었습니다. 해결책을 찾아 헤매지만 딱히 딸을 도울 방법을 찾을 수가 없어 고통스럽다고 했습니다.

이런 이야기를 나누던 중 어떤 분이 자신의 경험을 들려주었습니다. 그분의 딸은 고등학생 때 학교생활이 힘들다는 하소연을 자주 했습니다. 처음에는 걱정스러웠지만 점점 '왜 우리 아이는 학교에 적응을 못할까?' '이러저러하게 해보면 될 텐데 왜 저렇게 힘들어 하나?'라는 생각이 들었습니다. 힘들어하는 아이의 모습이 속상하고 안타까운 나머지 화도 났습니다. 결국 매번 아이와 싸우게 되었고, 아이뿐 아니라 엄마 또한 너무나 힘든 시간이었습니다. 다행히 그 힘든 시간의 깊은 터널을 지나 지금은 편하게 이야기를 나누는 모녀가 되었습니다.

그런데 어느 날 문득 딸이 말했습니다. "엄마, 사실 그때 엄마는 그냥 들어주기만 하면 되는 거였어요. 난 그저 하소연할 데가 필요했거든요."

우리는 감정에 대한 중요한 비밀 하나를 배웠습니다. 감정은 단지 느끼고 표현되기를 원합니다. 그러나 대부분의 사람들은 일단 감정이 느껴지면 어찌해야 할지 몰라 회피하거나 다른 곳으로 주의를 돌립니다. 무작정 좋은 쪽으로 생각하려 애쓰기도 합니다. 이렇듯 자신의 감정도 어쩔 줄 모르겠는데, 다른 사람들의 감정을 대하게 되면 더욱 부담스럽습니다.

아이들이 학교생활을 하면서 수많은 도전과 요구, 스트레스에 시달리는 것은 당연한 일입니다. 우리 모두가 거쳐온 길이기도 합니다. 그러나 모두가 거쳐왔다고 그것이 힘들지 않은 것은 아닙니다.

아이들에게는 그 힘든 감정을 그대로 느끼고 표현할 기회가 필요합니다. 누구에게 표현할 수 있겠습니까? 믿을 수 있는, 의지할 수 있는 부모가 아닐까요. 그나마 부모에게 표현하는 아이들은 행운일지 모릅니다. 혼자 힘든 감정들을 억누르고 어떻게 다루어야 할지 모른 채 반복되는 일상에 짓눌려 사는 아이들이 더 많으니까요.

만약 당신의 아이가 힘들어하고 있다면, 다행히 하소연하고 있다면, 답답해하며 무언가를 해주려 하지 마세요. 오히려 실타래가 엉키듯 더 꼬일지 모릅니다. 그저 아이가 자신의 감정을 충분히 느끼고 표현하며 발산할 수 있도록 들어주면 됩니다.

감정을 느끼는 것은
힘든 일

감정을 들어주는 일에도
상당한 에너지가 든다

'그럼 그냥 들어주기만 하면 되는 거네?'

당신은 어쩌면 쉽게 생각할지 모르겠습니다. 그러나 누군가의
감정을 들어주는 것은 결코 쉬운 일이 아닙니다.

민희에게는 단짝 친구 효진이가 있습니다. 그런데 효진이는 요
새 힘든 일들이 많습니다. 직장 동료들과 자꾸 트러블이 생기고
남자친구와의 관계도 삐걱거립니다.

오늘도 민희는 효진이를 만나 열심히 얘기를 들어주었습니다.
효진이는 자신의 마음을 알아주지 않는 동료들에 대한 분노를 표

현하고 남자친구의 무심함에 화를 내다가 걱정과 불안에 휩싸여 어쩌면 좋으냐고 하소연하기도 합니다.

민희는 같이 화를 내고 같이 걱정해 주었습니다. 불안해하는 효진이가 안타깝기도 했습니다. 효진이와 헤어져 집에 돌아온 민희는 자신의 방문을 열자마자 침대에 뻗어버립니다. "아, 힘들다"라는 말이 절로 나옵니다.

민호는 감정에 무딘 편입니다. 무심하게 일을 처리하고 문제가 생기면 가능한 한 빨리 처리해 버립니다. 그런 민호에게 직장 동료 하라는 자꾸만 힘든 감정을 표현합니다. "이 일을 계속 해야 할지 모르겠다." "앞으로 어떻게 살아야 할지 걱정이야." 하라의 얘기를 듣고 있으면 민호는 긴장이 됩니다. 그 자리가 불편해지고어서 벗어나고만 싶습니다.

당신은 어떻습니까? 이런 경험 한 번쯤 해보지 않으셨나요? 많은 이들이 말합니다. 누군가의 힘든 감정을 함께하기란 결코 쉽지 않다고요. 정말 그럴까요?

네. 맞습니다. 감정은 힘든 것입니다. 감정을 느끼는 순간 에너지가 소모됩니다. 감정 경험을 깊이 할 때는 더 많은 에너지가 소모됩니다.

다른 사람의 감정을 들어주는 것 역시 상당한 에너지가 들어가는 일입니다. 감정을 느끼고 표현하는 사람 곁에서 그 감정에 공감하는 것, 감정이 표현되고 해소되는 그 과정을 함께하는 것은 정말 힘든 일입니다.

상담에서도 많은 경우 가장 핵심적인 부분은 고통스러운 감정을 들여다보고, 느끼고, 표현하고, 해소하는 과정입니다. 그 과정을 함께하는 동안 상담자 역시 상당한 에너지를 소모하지요. 내담자의 감정 경험을 함께하며 다루는 것은 다른 어떤 과정보다 많은 에너지가 들어가기에 상담자들에게는 조금 기피하고 싶은 과정일 때도 있습니다.

영애 씨가 감정에 대해 몰랐던 것

영애 씨는 30대 후반의 여성으로, 감정을 거의 드러내지 않습니다. 항상 차분하고 교양 있는 모습으로 사람들을 대합니다. 주변 사람들은 그런 영애 씨에게서 흐트러진 모습을 본 적이 없습니다. 영애 씨는 자신이 감정을 잘 조절한다고 생각합니다.

그러던 중 상담 공부를 시작하게 된 그녀는 감정조절 프로그램에서 기분 상하는 일을 겪게 되었습니다. 한 분이 영애 씨의 말에 마음이 상했음을 표현한 것입니다. 그리고 그분의 얘기에 공감하는 과정에서 다른 분들의 말이 영애 씨의 마음을 불편하게 했습니다. 영애 씨의 얼굴은 점점 굳어갔습니다.

영애 씨의 마음을 살피려고 여러 번 물었지만, 매번 "전 괜찮아요. 별로 신경 쓰지 않아요"라는 대답만 돌아왔습니다.

여러 작업을 함께하면서 알게 된 것은 영애 씨는 심기를 불편하게 하는 사람이 있으면 아예 만나지 않는다는 겁니다. 또한 어떤 감정이 올라오면 이를 무시했습니다. 불편한 사람은 만나지 않고 불편한 감정은 보려 하지 않기 때문에 불편한 감정을 오랫동안 느껴본 적이 없었던 것입니다. 그러나 그렇기 때문에 불편한 감정을 어떻게 표현해야 하는지, 어떻게 갈등을 풀어나가야 하는지 알지 못했습니다.

프로그램에 참여하면서 영애 씨는 자신이 그동안 불편한 감정을 느끼는 것을 굉장히 힘들어해서 피하려고만 했다는 것을 깨달았습니다. 또한 그로 인해 너무나 많은 것을 놓치고, 부작용으로 여러 가지 어려움을 안고 있다는 것도 알게 되었습니다.

그렇습니다. 우리는 살면서 때로 서운하고, 화나고, 짜증이 나고, 불안하고, 창피하기도 합니다. 그런 감정을 느끼는 순간마다 불편하고 힘이 듭니다. 그래서 피하고만 싶습니다. 어쩌다 감정을 마주하려면 너무나 많은 에너지가 들어가는 것을 느낍니다. 이처럼 감정을 느끼는 것, 그 감정을 다루는 것은 상당한 에너지가 들어가는 일입니다.

남의 감정을
그냥 듣지 못하는 이유

형빈이는 요새 친구들 문제로 힘이 듭니다. 그런데 고민을 털어놓고 도움을 구할 사람이 마땅치 않습니다. 부모님에게 얘기하기도 겁이 납니다. 자신의 고민을 이해 못하실 것 같고, 실망하실 것 같기 때문입니다.

침울해 있는 형빈이의 모습에 부모님은 안 되겠다 싶어 직접 물어보기로 했습니다. 아버지가 먼저 형빈이에게 다가갔습니다. 그러나 무슨 일이 있느냐는 물음에 형빈이는 말을 하지 않았습니다. 그러다 아버지가 자신의 말을 들어주려 하는 것 같자 형빈이는 친구들과 있었던 얘기를 꺼냈습니다.

그런데 모든 정황을 다 얘기하기도 전에 아버지는 형빈이의 말을 끊더니 어릴 때는 다 싸우면서 크는 거고 별 일 아니라는 식으로 말했습니다. 자신의 청소년 시절과 교우관계에 대한 얘기를 늘어놓으며 조언도 잊지 않았습니다. 이럴 때는 이렇게 하는 거고, 다음부터는 이렇게 해보라고요. 그리고 "잘 들어. 다 너 잘되라고 하는 말이니까"라고 마무리했습니다. 아버지가 방을 나가자 형빈이는 책상에 얼굴을 묻고 한숨을 쉬었습니다. '아, 괜히 얘기했다. 하지 말걸.' 형빈이는 마음만 더욱 무거워졌습니다.

사람들은 상대방이 힘든 감정을 표현하면, 이런저런 얘기들을

해주어 안심시키거나 감정을 전환시키려 합니다. 또는 해결 방법을 알려주고 개입하면서 상대방이 더 이상 힘든 감정을 표현하지 않기를 바랍니다. 그러면서 이렇게 말하지요. "널 위해 내가 이러는 거야." 과연 그럴까요?

꼭 그렇지만은 않습니다. 그 감정을 함께하는 내가 못 견디겠어서, 어서 그 감정에서 벗어나기 위해서 급히 개입하는 것입니다. 하물며 자녀라면 오죽하겠습니까? 아이의 고통을 마주하는 부모의 가슴은 찢어지는 듯 아파옵니다. 그저 들으면서 견디기엔 너무나 괴롭습니다. 어찌할 바를 모릅니다.

하지만 잘 들어주고, 공감해주고, 표현하도록 기다려주는 것만으로도 아이들에겐 더 없이 좋은 부모가 될 수 있습니다. 당신의 감정을 들어주는 누군가 곁에 있다면, 그 사람은 당신에게 상당한 에너지를 할애하고 있음을 잊지 마십시오. 그 작은 행동이 그 사람에게는 매우 큰 희생과 배려일 수 있으니까요.

감정,
어떻게 대해야 할까?

당신은 감정을
어떻게 대해왔습니까? 

□ 감정은 내게 시끄럽고 귀찮은 존재다.

□ 감정은 상처받기 쉽기에 늘 보살펴 주어야 한다.

풀리지 못한 감정이
보내는 신호들

주의 집중이
어려워진다

당신이 느꼈지만 표현하지 못했던 감정들은 어떻게 되었을까요? 알아차렸지만 억압하고 통제했던 그 감정들은 어디서 무엇을 하고 있을까요? 당신이 원한 대로 영원히 사라져 다시는 돌아오지 않는 것일까요?

이쯤에서 아마 불길한 기분이 드실 겁니다. 당신은 이제 감정의 정체를 알아버렸으니까요. 감정은 충분히 느끼고 표현되지 못하면 결코 사라지지 않습니다. 슬픔·불안·죄책감·수치심·억울함·분노·서운함 같은 감정의 찌꺼기들이 가슴 한쪽에 쌓이게 됩니다. 이렇게 차곡차곡 쌓인 감정들이 조용히 지내면 좋으련만, 안타깝게도 가만히 있지만은 않습니다. 부지불식간에 얼굴을 내밀며 다양한 방식으로 당신에게 신호를 보냅니다. 그렇다면 어떤 신호들이 있는지 살펴볼까요?

얼마 전 유정이는 사소한 문제로 소연이와 심하게 다투었습니다. 등교도, 식사도, 과제도 같이하던 단짝 친구였는데 이젠 서로 말도 하지 않습니다. 유정이는 화해하고 싶지만 자신이 사과하기에는 자존심이 상하고 먼저 사과해주지 않는 소연이에게 서운합니다. 게다가 곧 중간고사라 더욱 마음의 여유가 없습니다.

유정이가 도서관에서 시험공부를 하는데 소연이가 다른 친구와 함께 들어오는 것이 보였습니다. 유정이는 자꾸만 신경이 쓰입니다. 눈은 책을 보고 있지만 머릿속은 소연이와의 문제로 가득합니다. 시험 날짜는 점점 다가오는데 도무지 집중이 되지 않습니다.

불편한 감정을 제대로 해소하지 않으면, 제일 먼저 주의 집중이 어려워집니다. 주의attention란 한 마디로 에너지인데, 우리가 한 순간에 사용할 수 있는 에너지의 양은 한정되어 있습니다.

그런데 해소되지 않은 감정들은 계속 신호를 보내 우리의 주의를 끌려 합니다. 즉 신경이 쓰이죠. 이는 상당한 에너지가 소모되는 일입니다. 에너지는 한정되어 있으니 남는 에너지가 있을까요? 별로 없겠지요.

수업시간이라면 선생님 말씀이 귀에 잘 들어오지 않고, 시험공

부를 할 때라면 책 내용이 머리에 입력되지 않으며, 대화하고 있다면 상대방의 말을 놓치게 됩니다. 일이 손에 잡히지 않고, 집중을 하기가 어려워집니다.

가슴속에 쌓인 감정은 자꾸만 당신의 주의를 끌어 해소해 달라는 메시지를 보냅니다. 또한 분노나 불안, 슬픔을 경험할 때 우리는 감정을 다루느라 많은 에너지를 사용합니다. 그렇기 때문에 주의가 산만해지고 집중이 되지 않는 것입니다.

주의력을 해결하려면

시험이란 기억의 저장고에 들어간 정보들을 꺼내어 확인하는 작업입니다. 따라서 불쾌한 감정을 경험하고 이를 제대로 소화시키지 못하면, 아이들은 성적이 떨어질 수밖에 없습니다. 만약 당신의 자녀가 최근 주의 집중을 못하고 성적이 떨어지고 있다면, 자녀의 마음을 빼앗고 있는 감정 경험이 있을 가능성이 큽니다. 그것은 친구와의 갈등일 수도 있고 성적에 대한 불안일 수도 있으며 부모의 잦은 다툼으로 인한 불안일 수도 있습니다.

그러나 많은 부모들이 자녀가 공부에 집중을 못하고 주의가 산만해지면 야단부터 칩니다. "대체 정신을 어디다 놓고 다니는 거니?" "힘들게 돈 벌어 공부 시키는데 성적이 이게 뭐야?" 부모는 자녀가 공부에 집중하기 바라는 마음에서 이렇게 야단을 칩니다. 하지만 이는 또 하나의 불편한 감정 경험을 만드는 셈이니 아이들의 주의를 추가로 빼앗는 결과를 낳을 뿐입니다.

최근 들어 놀이치료나 미술치료, 심리 상담을 받는 아이들을 심심치 않게 볼 수 있습니다. 어려움을 겪는 아이들이 늘었기 때문이기도 하지만, 치료나 상담을 받은 후 성적이 좋아졌다는 소문이 퍼지면서 더욱 관심을 받게 된 면도 있다고 합니다. 많은 부모들이 성적만 좋아진다면 무엇이든 해보겠다는 생각을 갖고 있으니까요.

그런데 상담에서 공부하는 법을 알려주어 아이의 성적이 좋아진 것일까요? 그렇지 않습니다. 감정 경험을 표현할 수 있는 다양한 기회를 제공하고, 스스로 감정을 처리하고 다루는 방법을 습득하게 할 뿐입니다. 그렇게 불편한 감정들이 해소되니 자연스레 학업에 기울일 수 있는 주의의 양이 증가한 것입니다. 즉 안정감을 찾고 빼앗기는 에너지가 줄어들면서 집중이 잘 되어 좋은 성과를 얻을 수 있게 됩니다.

지금 당신의 자녀가 성적이 떨어지고 있다면, 먼저 아이의 주의를 빼앗고 있는 것이 무엇인지 찾아 보세요. 아이가 무엇에 신경을 쓰고 있는지 대화를 나눠 보세요. 아이가 그것에 관해 충분히 얘기할 수 있도록 들어 주세요. 해결 방법은 바로 거기 있습니다.

기억력이
떨어진다

요즘 미연 씨는 남편과 사이가 좋지 않습니다. 오랫동안 반복된 친정 문제로 갈등이 더욱 심해졌기 때문입니다. 아들 녀석도 걱정입니다. 학교 선생님으로부터 아들이 친구를 때려 코피를 터뜨렸다는 얘기를 듣고 미연 씨는 가슴이 철렁 내려앉는 듯했습니다. 게다가 아버지가 위독하시니 마음의 준비를 하라는 친정 오빠의 연락도 있었습니다. 미연 씨는 요새 모든 것이 당황스럽고 부담스럽기만 합니다.

학교에서 돌아온 딸이 어제 가방에 넣어달라고 한 준비물을 엄마가 챙겨 넣지 않아서 선생님께 혼이 났다며 소리를 질렀습니다. ‘아차, 내 정신 좀 봐.’ 미연 씨는 자책을 합니다.

친구 희애 씨가 전화를 해서 며칠 전 모임에 왜 안 나왔냐고 합니다. 미연 씨는 모임 약속을 까맣게 잊고 있었다는 것을 깨닫습니다.

불편한 감정들이 많으면, 기억력이 떨어집니다. 기억이란 주의를 필요로 하기 때문입니다. 즉 어떤 정보에 반복적으로 주의를 줄 때, 그 정보는 기억의 저장고로 넘어갈 수 있습니다. 얼마나 반복적으로 주의를 주느냐에 따라 그 정보는 단기기억에 그칠 수도 있고 장기기억으로 남을 수도 있습니다. 그런데 불편한 감정들에 자꾸 주의를 빼앗기면, 이 작업에 쓸 수 있는 주의의 양이 부족해져 결국 기억의 저장고에 들어갈 수 있는 정보량은 줄어들게 됩니다.

심리적인 문제로 찾아오는 분들에게 심리 평가를 할 때, 가장 먼저 보는 것이 주의력과 기억력입니다. 정서적인 어려움을 경험할 때 먼저 손상되는 것이 주의력이고, 그 다음이 기억력이기 때문입니다. 주의력과 기억력은 정서적 어려움의 정도를 판단하는 중요한 잣대입니다.

잘못된 해석,
잘못된 판단

혜진이는 화를 잘 내는 아버지에게 심한 야단을 맞으며 자랐습니다. 늘 아버지가 무서웠고 함께 있노라면 긴장되기 일쑤였습니다. 결혼도 아버지와 달리 친절하고 다정한 남자와 했습니다. 그러던 어느 날 혜진이는 남편과의 중요한 약속을 깜박 잊고 말았습니다. 마침 휴대전화까지 꺼져 있던 터라 남편은 무척 화가 나 있었습니다.

화가 난 남편의 얼굴을 마주하는 순간, 혜진이는 얼어붙었습니다. 남편의 얼굴에서 아버지의 모습을 본 것입니다. 자신이 약속을 지키지 않아 일이 틀어진 상황은 온데간데없이 사라지고, 혜진이 앞에는 너무나 무서운 남편에 대한 공포만 자리하고 있었습니다.

재욱이는 정이 많고 사람을 잘 믿는 성격이었습니다. 그런데 친

한 친구가 거짓말을 해서 재욱이가 모아놓은 돈을 몽땅 가지고 도망쳐버린 사건이 일어났습니다. 그 뒤부터 재욱이는 주변 사람들의 말과 행동에 일단 경계부터 하는 습관이 생겼습니다. 잠깐 착각해서 말을 다르게 했을 뿐인데 자꾸 의심하며 경계합니다. '저 녀석도 언제 내 뒤통수를 칠지 몰라. 정신 바짝 차리고 있어야 해.'

이처럼 과거의 불쾌한 감정은 새로운 상황에서의 지각이나 판단을 왜곡시킵니다. 해소되기를 바라며 우리의 생활에 자꾸만 끼어듭니다. 당신은 어떤가요? '그러지 말아야지' 하면서도 주변 사람들의 의도를 의심하게 되지 않은가요? 남의 말을 곧이곧대로 듣지 못하고 왜곡해서 이해하는 사람들이 있지요. 또 상황을 보편적인 방식과 다르게 이해하고 반응하는 사람들이 있습니다.

이처럼 해소되지 못한 감정은 현재 우리가 마주하고 있는 자극이나 상황에 대한 정보를 처리하는 과정에도 영향을 미칩니다. 사실을 왜곡하고 잘못된 지각과 판단을 이끌어냅니다.

이해할 수 없는
말실수나 행동

어릴 적, 소연이는 외진 골목에서 동네 오빠로부터 반복적인 성추행을 당했습니다. 그때는 그것이 무엇을 의미하는지 몰랐습니다.

그저 자신의 몸이 이용당하고 있고, 기분이 좋지 않다는 정도였습니다. 아무한테도 얘기하지 말라고 무섭게 말하는 동네 오빠가 아니어도 소연이는 왠지 그렇게 해야만 할 것 같았습니다.

커가면서 소연이는 그 경험에 대해 생각하기조차 싫었습니다. 소연이는 지금 20대 중반입니다. 그런데 가끔 혼자 주택가를 걷다 보면 갑자기 가슴이 쿵쾅쿵쾅 뛰고 손에 땀이 날 때가 있습니다. 그럴 때면 소연이는 심한 불안감에 휩싸입니다.

혹시 이런 적 없으신가요? 불안하고 두려워지면서 심장이 콩딱콩딱 뛴 적 없나요? 갑자기 속에서 화가 치밀어 올라 얼굴이 붉어지고, 뭔가 터뜨리고 싶은 감정에 압도된 적은 없나요? 밥상 앞에 혼자 앉았는데 숟가락을 드는 순간 뜬금없이 서러움이 북받친 적은 없나요?

'내가 왜 그랬을까?' 하고 후회하게 되는, 나 자신도 이해할 수 없는 말실수나 행동을 해본 적은 없나요? 또는 누군가와 대화를 할 때, 상대방에게 거슬릴 말이나 행동이 불쑥불쑥 튀어나오는 경우는요? 대체 왜 그랬을까요?

해소되지 않은 감정이 쌓여 있기 때문입니다. 해소되지 않은 감정들은 우리에게 끊임없이 영향을 끼칩니다. 이유도 모른 채 갑자기 두려움에 사로잡히게도 하고, 이해할 수 없는 행동을 하게 만들기도 합니다.

이유 없이
몸이 아픈 까닭은

초등학교 내내 영철이는 다른 아이들보다 덩치가 커서 '싸움 짱'이었습니다. 중학교에 입학한 지 얼마 안 되었을 때, 싸움 좀 한다는 아이가 영철이에게 시비를 걸어왔습니다. 영철이는 여느 때처럼 자신만만하게 상대와 맞붙었습니다. 그러나 결과는 영철이의 패배였습니다. 한 번도 져본 적이 없기에 너무나 큰 충격이었습니다. 그 사이 다른 아이들도 발육이 왕성해져서 덩치가 커진 것을 영철이는 몰랐던 것입니다. 그 이후 영철이는 몹시 위축되었습니다.

게다가 영철이는 학습 태도도 나쁜 편이었습니다. 성적이 중요해진 중학교에 들어와서 영철이는 전교 꼴찌를 도맡아했습니다. 너무나 창피했습니다. 학교 가기가 점점 두려웠습니다. 영철이는 두통과 가슴 답답함을 호소하기 시작했습니다. 주먹으로 가슴을 치며 숨을 헐떡거리는 때도 있었습니다.

아침마다 학교에 가지 않겠다는 영철이와 학교에 가라는 부모의 실랑이가 벌어졌습니다. 그날도 영철이는 부모와 실랑이를 한 뒤 억지로 현관문을 나섰습니다. 그리고 바로 기절했습니다. 놀란 부모가 병원에 데려갔지만 몸에는 이상이 없었습니다.

몸에 딱히 이상은 없는데 신체적 증상들을 호소하고 있다면, 해소되지 않은 감정들이 쌓여 있을 가능성이 높습니다. 해소되지 않은 감정은 자신을 처리해 달라고 다양한 신호를 보냅니다. 그래도 당신이 알아차리지 못한다면, 또는 알아도 그 감정을 다뤄주지 않는다면, 감정은 더욱 주의를 끌 수 있는 방법을 고안해 냅니다. 쉽게 알아차릴 수 있는 신체 감각에 영향을 미치는 것이지요.

대개 처음엔 머리가 지끈거리기 시작합니다. 그렇게 두통이 오고, 복통, 위통으로 확산됩니다. 가슴이 찌릿찌릿하거나 꽉 막힌 듯 답답하고, 손발이 저리거나 잠이 안 오기도 합니다.

안타깝게도 많은 분들이 자신이 힘든 이유는 들여다보지 않은 채 그저 몸이 아파서 힘들다고, 잠이 오지 않을 뿐이라고 말합니다. 그러나 정말로 봐야 할 것은 신체적 증상이 아니라 해결하지 못한 문제들, 해소하지 못한 감정들입니다.

지금 머리가 지끈거린다면, 몸이 아프다면, 하던 일을 멈춰 보세요. 몸에 힘을 빼 보세요. 그리고 자신의 마음을 들여다 보세요. 진단과 치료는 거기에서 시작됩니다.

불면증이
말해주는 것

준하는 지난 한 해 힘든 일을 많이 겪었습니다. 친구 홍철이와 함께 투자했던 사업이 부도가 났고, 그 과정에서 홍철이와 갈등이

생겨 서로 심한 말이 오가는 적대적인 관계가 되어버렸습니다. 몇 억 원의 빚과 집까지 들이닥치는 빚쟁이들의 독촉까지, 정말 힘든 한 해였습니다.

지금 준하는 새로운 직장에 취직해 열심히 일하면서 조금씩 빚도 갚고 안정을 찾아가고 있습니다. 준하는 스스로에게 말합니다. "이제 괜찮아. 아무렇지도 않아." 준하는 자신이 스트레스 관리를 잘하고 쿨한 편이라고 생각합니다. 주변 사람들도 준하가 작은 것에 연연하지 않는 사람으로 알고 있습니다.

형돈이는 오랜만에 준하를 만나 술잔을 기울이기로 했습니다. 그런데 준하의 눈이 퀭한 것이 매우 피곤해 보여 물었습니다. "잠을 못 잤니?" 준하가 대답합니다. "요새 통 잠이 안 오네. 몇 개월 됐어. 하지만 불면증 빼고는 다 괜찮아."

많은 분들이 정말 자신이 힘들어하고 있는 문제나 감정은 무시한 채 신체적 증상만 호소하곤 합니다. 다른 건 다 괜찮은데 잠이 안 올 뿐이라고요.

우리는 매일 바쁜 일상을 살아갑니다. 아침 일찍 일어나서 서둘러 직장에 가 수많은 일들을 처리하고, 수많은 사람들에 부대끼며 집에 돌아오면 녹초가 되어버립니다. 너무 피곤해서 언제든 쓰러져 잘 준비가 되어 있습니다. 그런데 잘 수 있는 기회가 주어졌는데도 잠이 오지 않는다니 웬 말입니까? 심각한 문제가 있는 것이지요.

잠이 오지 않았던 순간을 한 번 떠올려 보십시오. 잠자리에 누웠을 때 온갖 생각이 납니다. 낮에 팀장에게 들었던 기분 나쁜 소리, 내일까지 제출하기로 한 서류, 내게서 멀어지는 듯한 남자친구 등 해결되지 못한 문제들과 해소되지 못한 불쾌한 감정들이 떠오릅니다. 도무지 잠이 오지 않습니다. 그러나 우리는 하루 동안 몹시 시달린 터라 결국에는 잠이 듭니다.

만약 잠이 오지 않는다면, 뜬눈으로 밤을 지새운다면 그건 피로조차 깨울 만큼 심하게 힘들어하고 있음을 의미합니다. 해소되지 않은 불쾌한 감정들은 두통이나 복통 등 다양한 신체적 증상으로 주의를 유도하다가 결국 불면까지 이르게 됩니다.

당신이 불면증에 시달리고 있다면 문제가 심각한 것입니다. 그러니 해결하지 못하고 덮어둔 그 문제들과 감정들을 들여다보세요. 이것이 불면증을 낫게 하는 효과 있는 처방입니다.

감정은 아이처럼
살펴야 한다

해소되지 못한 감정은
귀신이 된다

조직의 넘버2인 건달 광호는 어느 날 손금이 바뀌는 바람에 운명
이 바뀝니다. 귀신을 보기 시작한 것이지요. 광호가 자신들을 볼
수 있다는 것을 알아챈 다음부터, 귀신들은 광호를 따라다니며 다
양한 신호를 보냅니다. 광호에게 보내는 메시지가 포함된 신문을
계속 광호 눈앞에 보이게끔 하고, 광호 근처에 있는 물건을 움직
이기도 합니다.

귀신들은 자신들의 한을 대신 풀어주도록 광호를 괴롭힙니다.
원하는 것을 해달라고 광호를 조릅니다. 하는 수 없이 광호는 들어주고, 그러면 귀신들은 원한을 풀고 광호에게서 떠나갑니다.

영화 〈박수건달〉에 나오는 이야기입니다. 해소되지 못한 감정은 이들 귀신과 같습니다. 억눌러놓았던 무수한 감정들은 어디론가 사라지지 않고 가슴속에 차곡차곡 쌓여갑니다. 어렸을 때 사람들 앞에서 아빠에게 야단맞아 창피했던 일, 아끼는 물건을 엄마가 말도 없이 버려서 화가 났던 일, 아빠와 엄마가 싸우는 모습을 보며 무서웠던 일……. 우리는 잊었다고 생각하지만, 그 감정은 어딘가에 자리를 잡고 있어서 불쑥 떠오르기도 하고 관련된 경험을 할 때면 똑같은 감정이 올라오기도 합니다.

우리 주변을 계속 맴돌며 "나 여기 있어. 나 좀 느끼고 표현해줘"라고 속삭이는 겁니다. 이런 감정 귀신들 때문에 '난 괜찮은데, 그 사건 다 잊었는데 내가 왜 그랬지?'라고 생각되는 일들이 일어나곤 합니다. 갑자기 마음이 매우 아프기도 하고, 이유도 모른 채 초조하기도 합니다. 잡념 때문에 일에 집중하기 어려울 때도 있고 중요한 일을 망치기도 합니다. 우발적인 행동을 해놓고는 후회하기도 합니다.

그러나 알아주고 느끼고 표현해주면, 감정 귀신들은 한이 풀려 우리 곁을 떠나갑니다. 그래서 우리의 몸은 가벼워지고 마음도 한결 편안해집니다.

감정은
'어린아이'다

혹시 당신은 감정을 '조폭'처럼 생각하고 있지는 않습니까? 덩치는 산만하고 울룩불룩한 몸에 험상궂은 얼굴, 잘못 건드리면 폭발해 버릴 것 같고 늘 제멋대로인데다 도저히 컨트롤되지 않을 것 같은. 혹시 감정을 그렇게 여기지는 않으십니까?

사실 감정은 아이와 같습니다. 당신의 어릴 때 모습을 떠올려 보세요. 혹은 주변의 아이들을 둘러 보세요. 아이들은 자신이 원하는 바를 말로 잘 표현하지 못합니다. 그래서 원하는 바가 충족되지 않으면 울면서 투정을 부리거나 떼를 쓰는 등 행동으로 표현합니다.

그런데 어른들은 아이가 울고 떼쓰고 심술부리는 행동들 속에서 아이가 정말로 원하는 것이 무엇인지 알아차리기가 쉽지 않습니다. 아이의 숨은 욕구를 읽지 못하고 눈에 보이는 행동만 걱정합니다. 단지 그 문제 행동을 없애기 위해 "엄마가 그러지 말라고 몇 번을 얘기했니?"라며 주의를 주고 제지하며 나무랍니다. 그러나 그럴수록 아이들은 더욱 어긋나지요. 아이는 더욱 과격해지고 더욱 심한 문제 행동들을 보이기 시작합니다. 왜 그러는 것일까요?

자신이 원하는 것이 무엇이고 어떤 감정을 느끼는지 이해받지 못한다고 여기기 때문입니다. 즉 아이들이 울고 보채고 거친 행동을 하는 것은 마음을 알아달라는 몸부림입니다. 콕 집어서 "이걸 원해"라고 표현하지 못하기 때문에, 상대방의 주의를 끌 수 있는 행동들로 표현하는 것입니다.

그러니 마음을 알아주세요. "우리 신애가 많이 속상했구나. 진희와 같이 놀고 싶었는데 못하게 해서 화가 났구나. 미안해." "우리 아성이가 화가 많이 난 모양이구나. 아성이가 엄마를 기쁘게 해주려고 만든 건데, 엄마는 오히려 거실을 어질러 놓았다고 야단부터 쳐서 서운했구나. 아성이의 마음도 몰라주고 화부터 내서 엄마가 많이 미안해."

신애와 아성이는 속상하고 화났던 마음이 누그러질 거예요. 언제 그토록 심술궂게 굴었냐는 듯 다시 사랑스러운 미소를 보여주겠지요. 아이는 마음을 알아주고 다루어주면 금세 추스르고 안정감을 회복합니다.

감정은 바로 이런 아이와 같습니다. 감정을 알아주고 이해해 주고 달래주세요. "너 정말 힘들었구나. 그래, 애 많이 썼다." "너 지금 화가 나서 미치겠구나." 감정은 조금씩 진정되고, 충분히 알아주었다 싶으면 어디론가 사라질 겁니다. 더 이상 떼를 쓰거나 칭얼대지 않을 거예요. 아이와 같이 말입니다.

감정을 다루면
고통이 줄어든다

고통은
감정이다

어릴 적부터 제 중요한 관심사 가운데 하나는 '어떻게 하면 번뇌에서 벗어나 자유롭고 평화로워질 수 있을까?'였습니다. 그만큼 성장하는 과정에서 고민도 많고 고통도 많았습니다.

그런데 고통이란 무엇일까요? 고통이란 바로 감정입니다. 사랑하는 사람과 이별해서 고통스럽고, 누군가를 미워해서 고통스럽습니다. 원하는 것을 얻지 못할 때 고통스럽습니다. 근심이 깊어 고통스럽고 수치스러워 고통스럽습니다. 억울해서 또는 죄책감에 고통스럽기도 합니다.

어떤 자극이 나의 욕구와 목표를 건드렸을 때 감정은 경험됩니다. 잘 보이고 싶은 사람 앞에서 실수했을 때 창피합니다. 그 사람과 잘 지내고 싶었는데 갈등이 생겨 속상합니다. 좋은 성적을 받고 싶었는데 그러지 못해 실망합니다. 부모님께 인정받고 싶었는데 오히려 비난받았을 때 당황스럽고 화가 납니다. 저 사람에게 잘해주고 싶었던 건데, 다르게 오해받았을 때 억울합니다. 그러니 사는 게 참 고통스럽습니다.

고통에서 벗어나려면

선희는 최근 직장 일로 스트레스가 이만저만이 아닙니다. 경기 불황 탓에 맡고 있는 매장의 수입이 턱없이 줄었습니다. 매장주와 관리자들은 선희에게 갖은 압박을 해옵니다. 차마 입에 담을 수 없는 문자 메시지를 보내기도 합니다. 선희는 숨이 막힐 것만 같습니다. 자신이 무능하게 느껴지고, 어떻게 해야 할지 모르겠습니다. 죽고 싶을 만큼 고통스럽습니다. 이렇게 고통스러울 바에야 죽는 게 낫지 않을까 하는 생각이 들곤 합니다.

고등학생인 민우는 학교 가기가 싫습니다. 언제부턴가 학급 친구들에게 잘못 보여 아이들이 모두 민우를 따돌립니다. 싸움을 잘

하는 친구들은 쉬는 시간이 되면 민우에게 와서 빵을 사오라고 시킵니다. 심지어 담배를 사오라고 시키기도 합니다. 수시로 후미진 곳으로 불러내 온갖 욕을 해대며 때리기 일쑤입니다. 몸은 매일 상처투성이고 마음은 이미 찢겨서 너덜너덜해진 지 오래입니다. 모두가 자신을 싫어하는 것 같고 부모님은 일이 바빠 아들에겐 관심도 없는 듯 보입니다. 민우는 죽고 싶을 뿐입니다. 잠깐만, 아주 잠깐만 그 고통을 참아내면 영원히 이 지옥 같은 고통과 세상으로부터 벗어날 수 있지 않을까……. 정말 이 고통으로부터 벗어나고 싶습니다.

최근 10년 사이 자살률이 다섯 배나 증가했습니다. 이렇게 많은 사람들이 스스로 목숨을 끊는 이유는 무엇일까요?

너무나 고통스러워서입니다. 너무나 불안해서, 허무해서, 외로워서, 화가 나서, 수치스러워서, 슬퍼서, 고통스러운 것입니다. 감정을 강렬하게 느낄수록 고통은 심해지고, 결국 고통에서 벗어나기 위해서 자살이라는 극단적인 선택을 합니다.

자살을 막기 위해서는 고통을 덜어주어야 합니다. 그 고통을 잘 다룰 수 있도록 해주어야 합니다. 자신의 감정을 잘 다룰 수 있다면, 강렬한 감정을 완화시킬 수 있다면 자살까지 가지 않습니다. 자살을 생각할 만큼 위기 상황에 있는 분들에게 꼭 필요한 처방은 바로 감정을 다루는 법을 아는 것입니다.

감정을 제대로
다루어주지 못하면

감정을 무시하면
자존감이 낮아진다

다섯 살 진이는 두 살 위 언니와 함께 놀이터에서 놀다 다툼이 생겼습니다. 대드는 동생이 얄미웠는지 언니는 머리를 몇 대 쥐어박았습니다. 억울하고 서러운 진이가 울음을 터뜨렸습니다. 그러자 멀찍이 앉아 지켜보던 할머니가 달려오십니다. "왜 울어? 뚝! 뚝! 그치지 못해?" 진이는 울음을 그치지 않고 할머니는 위협합니다. "저기 경찰 아저씨가 이놈 한다! 저기 오시네. 경찰 아저씨가 진이 잡아가러 오시네." 진이는 놀라서 울음을 그치는 듯했지만 주변을 살피더니 다시 울기 시작합니다.

할머니는 다른 방법을 강구합니다. "뚝 그치면 할머니가 진이 좋아하는 과자 사줄게. 응?" 진이는 과자라는 소리에 살짝 귀가 쫑긋했으나 그래도 억울하고 서럽습니다. 할머니는 이제 주변을 두리번거립니다. "매 어디 있지? 진이 매 좀 맞아야겠다." 떨어진 나뭇가지를 발견하고는 주워 와서 매를 휘두릅니다. "어디 좀 맞아볼래? 계속 울 거야? 뚝 그치지 못해!"

당신의 어린시절은 어땠습니까? 성장하는 동안 당신의 감정은 어떻게 취급되었나요? 부모들은 감정은 불편한 것이고 억눌러야 하는 것으로 여겼습니다. 그리고 자신이 그랬듯이 자녀들에게도 감정은 통제하고 남에게 감춰야 하는 것이라고 교육해 왔습니다. 가정의 양육 과정이나 학교의 교육 현장에서 여전히 아이들의 감정은 무시하거나 억압되기 일쑤입니다.

화영이는 사귄 지 1년이 채 안 된 지훈이를 많이 좋아합니다. 그래서인지 지훈이에게 싫은 소리를 잘 못합니다. 지훈이는 뭐든 제멋대로여서 약속 시간 바로 전에 못 나가겠다고 전화로 통보합니다. 갑자기 친구들이 만나자고 한다는 이유로 말입니다. 그러나 화영이는 화를 내는 법이 없습니다. 화영이는 괜찮다고, 이해할 수 있다고 말합니다.

화영이의 생일이었습니다. 한껏 기대를 하고 예쁘게 꾸미고 나갔는데 지훈이는 빈손에 아무 말도 없었습니다. 같이 식사를 할 때, 지훈이는 지나가는 한 여성을 불렀습니다. 아는 여자라고 했습니다. 지훈이는 그녀를 테이블로 불러 앉힌 후 즐겁게 얘기를 나눴습니다. 화영이는 마치 투명인간이 된 느낌이었습니다. 하지만 화영이는 불편한 감정을 느끼는 것이 오히려 불편했고, 지훈이를 이해해야 한다고 속으로 다짐했습니다.

화영이는 왜 그럴까요? "넌 자존심도 없니?"라는 말이 절로 나옵니다. 억울하고 화날 법도 한데 느끼지를 못합니다. 자신을 함부로 대하는 사람에게 그렇게 하지 말라고 말하지도 못합니다. 말은 못할지언정 뒤에서 화를 낼 수도 있는데 그렇게도 못합니다.

왜 이렇게 되었을까요? 안타깝게도 우리는 성장하면서 감정을 다루는 방법을 제대로 교육받지 못합니다. 교육은커녕 감정은 외면당하고 무시되기 일쑤입니다. 이렇게 감정이 무시되면 아이는 불안정해지고 자존감이 낮아집니다.

성장하면서 우리는 다양한 감정을 경험하는데, 살아온 날이 적은 아이들에게 감정은 낯설고 당황스럽기만 합니다. '어, 이게 뭐지?' '왜 눈물이 나지?' '왜 자꾸 소리를 지르고 물건을 던지고 싶지?' '왜 엄마는 내게 화를 내지?' 그런데 부모가 이러한 감정들을 잘 읽어주고 이해해주고 다뤄주지 않으면, 아이는 여전히 당황스럽고 안정감을 얻지 못한 채 불안정한 상태로 자랄 수밖에 없습니다. 자신이 느끼는 것의 정체가 무엇인지 모르니, 온통 의문투성이이고 혼란스럽기만 한 것이지요.

내 감정을 믿지 못하면,
나를 믿지 못한다

당신은 당신이 느끼는 감정을 믿나요?

☐ 감정은 믿어선 안 돼요. 나는 내 감정을 믿지 않아요.

☐ 내 감정을 믿어요. 내가 그렇게 느꼈으면 그게 맞는 거예요.

당신은 어떠십니까? 남들에게 끊임없이 물어보며 자신이 경험한 감정이 무엇인지 찾는 사람들이 있습니다. 무슨 일이 있으면 친구를 찾아가 자신에게 있었던 일을 얘기하며 반응을 살핍니다. 친구가 "화났겠네"라고 말하면 그제야 안도합니다. '그래, 화날 만한 거지.'

성장하면서 감정 또한 분화와 발달을 겪습니다. 처음에는 하나로 뭉뚱그려진 감정 덩어리였던 것이, 다양한 감정들을 경험하고 구분하고 명명하면서 점점 분화됩니다.

그런데 나이가 든다고 모두 감성 분화와 발달이 이루어지는 것은 아닙니다. 남들이 다 짐작할 수 있는 감정 경험을 하고 있으면서도, 자신의 감정이 무엇인지 알아차리고 구분해 내지 못합니다.

아이가 감정을 경험할 때 그것은 뭔가 내 마음을 건드리는 것, 뭔가 흥분하게 하는 것, 뭔가 혼란스러운 감정의 덩어리입니다.

그것이 점차 슬픔·기쁨·행복·서운함·분노·부끄러움 등의 감정으로 쪼개지고 그 안에서 더 미세하게 구별되어 느낄 수 있게 되는 것이지요.

이러한 감정의 분화와 발달은 적절한 피드백을 통해 이루어지지만 이 과정이 결여되어 있는 경우가 많습니다. 아직 감정 분화가 이루어지지 않은 아이에게 "넌 왜 소리를 지르니? 엄마가 그러지 말랬지!" "왜 울어? 울지 마!" "이게 속상할 일이야? 부끄러운 줄 알아"라는 식으로 감정을 무시하고 부정하는 반응을 보입니다.

그러면 아이는 어떨까요? 누구나 느낄 수 있는 자연스런 감정임에도 불구하고 그렇게 느껴선 안 되는 것으로 생각합니다. 자신의 감정이 잘못되었으며 이상한 것으로 여기고 부끄러워하며 심지어 죄책감마저 느낍니다. 이러한 경험이 반복되면 '화가 나는 것 같은데? 그러면 안 되는 것 아냐?'라며 자신의 감정을 의심하고, 감정을 경험하고 있는 자체를 부정하기도 합니다. 자신의 느낌을, 자신의 생각을, 자신의 경험을 확신하지 못하게 됩니다. 자신에 대해 수치스러워하고 감정을 감추려 애쓰게 됩니다.

결국 자신의 감정과 판단에 자신이 없어지면서 스스로에 대한 부정적인 자아상을 갖게 되어 낮은 자존감을 형성합니다. 그래서 부당한 대우를 받아도 표현하지 못하고 스스로를 달래주지 못합니다.

반면 부모로부터 "화가 많이 났구나" "그래, 서운했겠다" "시험을 못 봐서 실망하게 할까 불안하구나" 같은 말을 들은 아이들은

자신의 감정과 판단에 자신감을 갖게 됩니다. 자신만 겪는 이상한 경험이 아니라 같은 상황이라면 누구나 겪을 수 있는 경험이라는 이해와 함께 안도감이 듭니다. 또한 다시 비슷한 상황 또는 새로운 상황에 처하더라도 혼란스럽지 않습니다. 자신이 느끼는 감정에 비추어 자신의 마음을 알아차리고 상황을 이해하며 감정을 표현할 수 있게 됩니다.

'속에서 욱하고 올라오는 걸 보니 난 지금 화가 난 거야. 그래, 내가 화가 난 것은 아까 그애가 내 물건을 함부로 가져갔기 때문이야. 화가 날만도 해. 가서 내 물건을 달라고 해야겠다. 그리고 다시는 내 물건을 가져가지 말라고 얘기해야지.'

이렇듯 아이는 자신 있게 반응할 수 있습니다. 안정적이고 자존감이 높은 아이로 성장할 수 있습니다.

그때그때 느끼고 표현하면
마음이 건강해진다

자, 그렇다면 이제 어떻게 해야 할까요? 답은 간단합니다. 감정은 해소되면 사라지니 그때그때 느끼고 표현하면 됩니다. 간단하지요? 그런데 과연 쉬울까요? 살다 보면 감정을 표현할 수 없을 때가 더 많습니다.

많은 이들이 감정을 드러내지 않으려 애쓰며 살아갑니다. 이해관계가 얽혀 있거나 서로 보이는 모습을 관리해야 하는 공적인 관계에서는 더욱 그렇습니다. 감정 표현이 자신에 대한 정보 노출로 이어져 이용을 당하기도 하고, 자신의 이득에 부정적인 방향으로 작용할 수도 있습니다. 또 감정의 표현은 상대방에게 부담감을 줄 수 있고, 그로 인해 불필요한 갈등을 유발할 수도 있습니다.

"나이가 들수록 감정을 드러내지 말아야 한다"는 소리를 들어보셨을 겁니다. 어느 정도 일리 있는 얘기입니다. 나이가 들면 자신보다 사회적 위치가 낮은 사람들과 함께 있을 때가 많아지고, 감정 표현은 그들에게 불필요한 부담을 줄 수 있기 때문입니다. 교수라면 학생들이 있을 테고 상사라면 부하직원들이, 부모라면 자녀들과 며느리나 사위가 있겠지요.

당신은 영향력을 갖고 있기 때문에 그들은 당신의 눈치를 살필 수밖에 없습니다. 당신이 원하는 것을 제공해 충족시켜서 좋은 관계를 얻어내 그들이 원하는 것을 얻거나 보호받고자 하기 때문입니다.

그런데 안타까운 것은, 감정을 표현하고 해소할 수 있는 상황에서조차 스스로 그 기회를 저버리는 경우가 많다는 사실입니다. 그럴 필요가 없는 상황이라면, 감정을 억누르는 것은 해소되지 않은 감정을 양산할 뿐입니다. 또한 감정을 억누르는 자체가 자연스럽게 흘러가는 감정의 방향을 거스르는 것이기 때문에 상당한 에너지가 들어갑니다. 게다가 이후 해결을 위한 에너지가 추가로 들어

가기 때문에 이중으로 에너지를 낭비하는 셈입니다.

　매순간 자신의 감정을 알아차리기 위해 노력하십시오. 그리고 표현해도 괜찮은 감정인지 아니면 주변에 부담이나 피해를 줄 수 있는 감정인지 생각해 보세요. 지금 이 자리가 감정을 표현해도 괜찮은 자리인지를. 만약 특별히 감출 필요가 없는 상황이라면, 당신의 감정을 그대로 느껴 보세요. 얼굴에 드러내고 몸으로부터 자연스럽게 표현되도록 내버려 두세요. 그것이 건강한 마음입니다.

3

감정을 해소하는 통로,
감정을 전달하는 통로

당신은
감정을 표현할 때
어떤 모습입니까?

□ 나를 화나게 한 그 사람에게 직접 풀어야죠.

□ 아무리 화가 나도 그 사람에게 직접 화를 내면 안되죠. 전 뒤돌아서 욕해요.

감정을 그때그때 표현하고
해소하는 것이 어려울 때

감정을 즉시 해소하기가
불가능한 상황들

직장생활 3년 차인 혜미는 요새 김 과장 때문에 미칠 지경입니다. 아침 일찍 출근하는 김 과장은 자신보다 늦게 오는 직원들에게 비아냥거리기 일쑤입니다. "혜미 씨, 요새 살기 편한가 봐." 그럴 때면 지각도 아닌데 "죄송합니다"라고 사과부터 합니다.

어제는 혜미가 제출한 보고서를 들고 와 흔들며 무안을 주었습니다. "이걸 보고서라고 낸 거야? 정말 이 따위로 일할 거야? 만날 화장하고 손톱 손질할 시간은 있고, 꼼꼼하게 보고서 확인할 시간은 없지?" 혜미는 정말이지 쥐구멍에라도 들어가고 싶었습니다.

자, 혜미는 창피함과 분노를 느꼈습니다. 당신이라면 어떻게 하겠습니까?

- □ 어떻게라도 표현해야죠. 나를 존중해주지 않는 것에 화가 난다고요.
- □ 화는 나지만 어떻게 해요. 나중에라도 김 과장에게는 표현하지 못할 것 같아요.

혜미가 그 자리에서 자신의 감정을 표현한다면 김 과장과의 관계는 더욱 악화될지 모릅니다. 물론 성숙한 상사라면 오히려 관계가 개선될 수 있도록 하겠지만, 그런 경우는 만나기 어려운 귀한 행운입니다.

감정을 직접 표현하면 불이익을 당하거나 관계가 틀어질 것 같아 두렵습니다. 다른 사람에게 표현하자니 자칫 오해가 생길 수 있고 소문이 나 그 사람의 귀에 들어갈 수도 있습니다. 아무리 친한 친구나 편한 동료도 나를 위해 늘 대기 중인 것도 아닙니다. 운 좋게 시간이 되어 얘기를 한다고 해도, 바쁜 시간을 빼앗는 것 같아 미안하고 상대가 내 얘기를 들어주고 있어도 충분히 이해를 못하는 것 같아 신경이 쓰입니다. 이처럼 감정을 그때그때 해소하는 것이 어려울 때가 많습니다.

그렇다면 어떻게 해야 할까요? 그래서 감정을 다루는 다양한 방법들이 존재하는 것입니다. 예를 들어 상대방 때문에 불쾌해졌

지만 그 사람에게 표현할 수 없을 때, 누군가에게 얘기하고 싶지만 그럴 만한 사람이 없을 때, 여러 사람과 일하는 상황에서 불쾌한 감정을 다루기 어려울 때 등 상황에 따라 다양한 방식으로 감정을 해소하고 조절할 수 있습니다.

다양한 상황에 따른 구체적인 방법들을 살펴보기 전, 먼저 감정 표현과 해소와 관련된 오해들부터 풀어 보겠습니다.

오해 1.
화는 화나게 한 사람한테 푼다

당신은 다음과 같은 생각을 해본 적이 있습니까?

□ **감정은 그 감정을 유발한 사람에게 표현해야 해소된다.**

□ **그 사람에게 내 감정이 어떤지 표현하지 못한다면, 참을 수밖에 없다.**

유리는 사람들과 얘기를 나누고 있었습니다. 선배의 말에 끼어들어 재치 있게 받아치기를 여러 번, 선배 얼굴이 점차 굳어지더니 급기야 유리에게 인신공격성 발언을 했습니다. 순간 무안해진 유리는 선배에게 얼른 사과를 했습니다.

일은 그렇게 마무리되었지만, 유리는 선배의 말을 곱씹으며 화가 났고 그 자리에서 맞받아치지 못한 것이 억울했습니다. 며칠 동안 기분이 상한 채 유리는 어떻게 하면 선배에게 이 화를 표현할 수 있을지 생각할 뿐입니다.

사람들은 어떻게 내 감정을 상대방에게 전달할 수 있을까만 궁리합니다. 상대방에게 표현하기 전에는 불쾌한 감정을 해소할 생각도 하지 않습니다. 그러다가 방법이 나오지 않으면, 그저 꾹 참고 해소하는 것을 포기해 버립니다.

실제로 상담 현장에서 가장 빈번하게 듣는 얘기가 바로 "어떻게 하면 상대방에게 내 불편한 감정을 잘 표현할 수 있을까요?"입니다. 그 전에는 불편한 감정을 해소할 수 없다고 생각하는 듯합니다.

오해 2.
화가 나니 화를 낸다

정훈 씨와 시연 씨는 중매로 만나 3개월 만에 결혼했습니다. 정훈 씨는 활달하고 생활력이 강한 시연 씨가 좋았고, 시연 씨는 정훈 씨의 성실하고 꼼꼼한 면에 믿음이 갔습니다. 그러나 막상 결혼하고 보니 서로 맞지 않는 부분이 많았습니다. 정훈 씨는 시연 씨의 덤벙대고 꼼꼼하지 못한 면에 화가 났고, 시연 씨는 지나치게 꼼

꼼해서 10원 단위까지 가계부를 쓰고 체크하는 정훈 씨의 성격이 피곤했습니다.

정훈 씨는 아내가 마음에 들지 않을 때마다 잔소리를 하거나 화를 냈습니다. 그러곤 이렇게 말합니다. "당신이 지금 화나게 하잖아. 화가 나니까 화를 내지!"

화가 나니까 화를 낸다는 소리는 화를 잘 내는 이들이 자주 하는 말입니다. 화가 나면 화를 내야 한다는 생각인데, 감정을 느끼는 것과 감정을 표현하는 것이 반드시 함께 가야 한다고 여기기 때문입니다. 반대로 이런 생각 때문에 오히려 화를 느끼지 못하는 이들도 있습니다.

그런데 우리가 삶에서 가장 자주 느끼는 감정은 무엇일까요?

아마도 화가 아닐까 싶습니다. 살면서 우리 뜻대로 되는 일이 얼마나 있겠습니까? 필요한 것이 그때그때 충족되는 경우가 얼마나 되겠습니까? 제때 젖을 주지 않아 화가 나고, 잠을 자고 싶은데 편한 자세를 만들어주지 않으니까 화가 납니다. 저 물건을 갖고 싶은데 위험하다고 못 만지게 하니까 화가 납니다. 형이 못살게 굴어 화가 나고 하기 싫은 공부를 자꾸만 하라니 화가 납니다. 태어나는 순간부터 우리는 수없이 화를 느끼게 됩니다. 그런데 화를 잘 느끼지 않는다는 사람들이 있습니다.

보영 씨는 30대 초반의 여성으로 누군가와 갈등이 있는 상황을 견디기 어려워했습니다. 그래서 다른 사람들의 눈치를 보며 비위를 맞추는 편이고, 갈등 관련 상황에서 회피하고 도망가는 관계 패턴을 반복하고 있었습니다.

다른 친구들끼리 갈등이 생겨도 보영 씨는 불편해했습니다. 다른 친구와의 갈등을 호소하는 친구의 얘기를 들을 때면, 긴장되고 불안해져 피하고만 싶었습니다.

그런데 보영 씨와 얘기를 나누다 보니, 몇 가지 사항에 주목하게 되었습니다. 보영 씨는 살면서 화를 느낀 적이 거의 없다고 했습니다. 설마 그럴까 싶어 자세히 물었더니 그나마 화를 느끼는 상대는 보영 씨가 편하게 생각하는 아빠와 남자친구뿐이었습니다. 물론 화가 날법한 상황을 겪지 않은 것도 아니었습니다. 보영 씨는 화를 낼 수 있는 상대에 대해서만 화를 느끼는 것을 허용했던 것입니다.

상담을 하다 보면 화를 느껴본 적이 거의 없다고 말하는 내담자를 종종 만날 수 있습니다. 화를 느끼는 것 자체를 차단하다 보니 화가 잘 나지 않는 사람이 된 것입니다. 실제로 가정불화나 가정폭력의 희생자들은 화를 잘 못 느끼는 경우가 적지 않습니다. 자신의 감정이 너무나 부담스럽고 상대에게 표현해서 풀기도 어렵기 때문에 아예 느끼기를 거부한 셈이지요. 따라서 주변에서 누군가 화를 내면 긴장이 되고 불안해집니다. 억눌러놓은 자신의 화가 자극받거나 촉발될지 모른다는 은연중의 두려움 때문이지요. 그

래서 그러한 상황을 가능한 한 피해 다닙니다.

그러나 화가 난다고 꼭 상대방에게 표현해야 하는 것은 아닙니다. 상대방에게 화를 내지 못한다고 해서 화가 나지 말아야 하는 것도 아닙니다.

감정을 느끼는 것과 표현하는 것은 별개의 문제입니다. 또한 감정을 어떤 방식으로 표현할지는 당신이 선택해야 하는 것입니다. 상대방에게 감정을 표현하지 않고서도 감정을 해소할 수 있는 방법은 많습니다. 따라서 그 감정을 상대방에게 표현하느냐는 당신의 선택에 달려 있습니다. 감정을 표현하는 방법에 대해서는 마지막 장에서 자세히 다루겠습니다.

감정 전달과
해소는 다르다

감정 전달과
해소의 차이

민경 : "그 사람에게 내가 어떤 감정이었는지 표현해야 해."

지우 : "감정을 표현해야 풀어지지."

민경이와 지우가 말하는 감정 표현이란 서로 같은 의미일까요? 아니면 다른 의미일까요?

☐ 같은 의미다.

☐ 다른 의미다.

민경이와 지우 모두 '감정 표현'을 말하지만 둘의 의미는 다릅니다. 민경이는 전달하려 하고, 지우는 해소하려 합니다. 그런데 사람들은 이 둘을 혼동합니다.

세영 : "유라야. 어떻게 나한테 그럴 수가 있어? 진짜 너무한다. 그 자리에서 그렇게 얘기하면 내가 뭐가 되겠어? 정말 내가 얼마나 당황스럽고 화가 났는지 알아?"

세영이는 지금 유라에게 감정을 표현하고 있습니다. 다음 중 어떤 종류의 표현을 하고 있는 것일까요?

□ 감정 전달
□ 감정 해소

세영이는 전달하는 과정의 감정 표현을 하고 있는 듯합니다. 그런데 자세히 들여다보면, 해소하는 과정의 감정 표현도 하려 합니다. 과연 이 두 가지를 한꺼번에 할 수 있을까요? 즉 감정을 표현하면서 해소할 수 있을까요? 결코 그렇지 않습니다. 오히려 감정 전달과 감정 해소 둘 다 실패할 가능성이 높습니다. 왜 그럴까요?

감정을 조절하고 해소하는 과정에서 가장 자주 일어나는 실수는, 상대방에게 자신이 느낀 불쾌한 감정을 전달하면서 동시에 감정을 해소하려는 것입니다. 즉 불쾌한 감정을 느꼈음을 전달하는 통로와 불쾌한 감정을 표현해서 해소하는 통로를 동일시하면서 문제가 발생합니다.

세영이는 눈꼬리를 잔뜩 올린 채 유라를 무섭게 째려봅니다. 목소리 톤도 올라가서 앙칼지게 쏘아 붙입니다. 이처럼 감정이 고양되거나 해소되지 않은 상태에서는 불쾌한 감정이 그대로 드러납니다. 그러면 유라는 세영이의 태도에 잔뜩 긴장하게 됩니다. 세영이의 공격적인 태도가 무섭기만 해서 세영이가 하는 얘기는 귀에 들어오지도 않습니다.

그렇습니다. 감정을 해소하지 않은 상태에서 감정을 전달하면, 상대방은 말하는 사람의 불쾌한 표정이나 공격적인 태도, 비난하는 말에 먼저 주목하게 됩니다. 우리 모두는 태어나는 순간부터 살아남기 위해 자신을 보호하는 장치들이 발달되어 있습니다. 따라서 주변의 공격이나 위협적인 메시지에 민감하게 반응합니다. 아마도 유라는 세영이의 태도에 놀라 자신을 방어할 변명들을 떠올리느라 애쓸지도 모르고, 어떻게든 도망가기 위해 방법을 강구하고 있을지도 모릅니다. 세영이가 무엇을 전달하고자 하는지는 생각할 여유도 없습니다.

결국 세영이는 감정을 전달하려던 목적도, 해소하려던 목적도 모두 실패하고 맙니다. 오히려 유라가 기분 나빠하면서 갈등은 더 심해집니다. 유라는 속으로 생각합니다. '세영이가 지금 나에게 화

를 내고 있네. 지금 나를 비난하고 공격하는 거야? 내가 뭘 그렇게
잘못했지? 내게 너무 함부로 하는 것 아냐? 굉장히 기분 나쁘네.'

감정은 전달하지 않아도 해소할 수 있다

세영이의 경우처럼 감정이 고양되어 있거나 아직 해소되지 않은
상태에서 상대방에게 감정을 제대로 전달하기는 어렵습니다. 왜
냐하면 전달하는 과정에서 표현되는 말과 표정, 행동, 그리고 태
도에 그 감정이 묻어나기 때문입니다.

따라서 감정을 전달하기 전에 먼저 해소시켜야 합니다. 또한 감
정을 제대로 전달하기 위해서는, 먼저 자신이 상대방으로 인해 어
떤 감정을 느꼈는지 그리고 왜 그런 감정을 느꼈는지 이해해야 합
니다. 이런 작업을 하지 않은 상태에서는 두서없는 말이 될 수 있
고 엉뚱한 얘기만 늘어놓다가 돌아서서 후회할 수도 있습니다.

또한 자신이 상대방에게 무엇을 바랐는지 파악하는 것도 필요
합니다. 상대방과의 관계에서 바라는 것이 있기 때문에, 감정을 느
끼는 것입니다. 효과적인 전달을 위해서는 그것이 무엇인지 파악
해야 합니다.

그런데 이런 질문이 나올 수 있습니다. "그렇다면 감정을 해소

한 다음에는 반드시 상대방에게 감정을 전달해야 합니까?" 그것은 어디까지나 당신의 선택입니다.

여기서 중요한 점은, 감정을 해소하는 것과 감정을 전달하는 것은 별개의 문제이고 상대방을 통하지 않고서도 얼마든지 감정을 해소할 수 있다는 사실입니다.

감정조절 방법은
다양하다

감정조절 방법의
구분 체계를 알면 된다

이제 우리는 감정을 전달하는 것과 해소하는 것이 별개라는 사실을 알았습니다. 감정을 전달하기 전에 반드시 감정을 해소하는 작업을 선행해야 한다는 사실도요. 이제부터는 감정을 해소하고 조절할 수 있는 방법들에 대해 살펴보고자 합니다.

당신이 알고 있는 감정조절 방법들을 모두 적어 보세요.

저는 감정조절에 관심을 갖고 연구를 시작하면서 사람들이 얼마나 많은 감정조절 방법을 알고 있는지 궁금했습니다. 그래서 강의를 듣는 학생들, 상담을 받는 내담자들, 정신과 병동에서 만난 환자들, 일반인들을 대상으로 꾸준히 질문해 왔습니다.

흥미롭게도 답변은 거의 비슷했습니다. 대부분 영화를 보거나 술을 마시고 아니면 잠을 자거나 생각하지 않으려고 한다고 답했습니다. 질문에 답하지 못하는 경우도 많았습니다. 실제로는 다양한 방법을 사용하고 있지만, 그것이 감정조절 방법인지 인식하지 못하는 경우도 있었습니다.

많은 사람들이 불쾌한 감정을 조절하는 방법을 잘 모르고 있었습니다. 알고 있는 방법들 또한 몇 가지에 불과했습니다. 그렇게 알고 있는 방법들조차 일시적으로 감정을 완화시키는 정도의, 회피하는 방법이 대부분이었습니다.

살다 보면 수많은 스트레스 상황에 맞닥뜨립니다. 그때마다 적용할 수 있는 감정조절 방법을 풍부하게 갖고 있다면, 불쾌한 감정을 느낄 때 언제든 꺼내어 사용할 수 있는 방법들을 알고 있다면 얼마나 좋을까요?

한 연구에 의하면, 감정을 조절할 수 있는 방법은 200여 개에 달한다고 합니다. 그렇다고 그 모든 방법을 하나하나 배울 필요는 없습니다. 감정조절 방법은 그 원리에 따라 크게 몇 가지로 구분할 수 있으니까요. 먼저 감정조절 방법의 구분 체계를 알면, 각각

의 조절법을 보다 효과적으로 활용할 수 있습니다.

정서조절 코칭 프로그램을 개발해 서울대학교 학생들을 대상으로 참여자를 모집했을 때의 일입니다. 신청자 수는 며칠 만에 정원을 훌쩍 넘었습니다. 그만큼 감정을 조절하는 문제는 매우 보편적이면서 중요한 문제라는 점을 실감한 순간이었습니다.

그렇게 프로그램은 시작되었고, 감정을 조절하는 다양한 방법을 알게 되어 도움을 받았다는 피드백을 많이 받았습니다. 한 대학원생은 연구실 책상 위에 다양한 감정조절 방법을 붙여놓고, 스트레스를 받을 때마다 이것저것 시도해 보며 큰 도움을 받았다고 했습니다. 그 효과가 알려지면서 다른 대학원생들의 요구가 이어져 감정조절 방법 인쇄물을 복사해 공유했다고 합니다.

수많은 감정조절 방법들은 몇 가지로 구분할 수 있는데 먼저 그 주요 기준에 대해 살펴볼까 합니다.

감정의 각 요소에 접근하는 네 가지 방법

당신이 적었던 감정조절 방법은 다음 중 감정의 어떤 요소에 접근한 방법일까요?

□ 생리적 요소 : 호흡 · 맥박 · 땀 등 생리적 측면

□ 인지적 요소 : 감정이 들 때 떠오르는 생각

□ 체험적 요소 : 감정을 느끼고 표현하는 것

□ 행동적 요소 : 주먹을 불끈 쥐거나 우는 것과 같은 행동

감정은 이와 같이 4가지 요소로 이루어집니다. 감정을 느낄 때 심장박동이나 호흡의 변화가 일어나는 것은 감정의 생리적 요소입니다. 또한 불안할 때면 '잘못되면 어쩌지?' 같은 생각이 떠오르는 것은 인지적 요소입니다. 손톱을 깨물거나 다리를 떠는 것은 행동적 요소입니다. 그리고 화가 나는 등 감정을 느끼고 표현하는 것이 체험적 요소입니다.

예를 들어, 민수는 친구의 말에 화가 납니다. '지금 나를 무시한 거야?' 같은 생각이 떠오르고(인지적 요소) 화가 나는 것을 느끼고 있지요(체험적 요소). 또 주먹을 불끈 쥐고 있고(행동적 요소), 호흡이 가빠지고 얼굴이 벌겋게 달아오릅니다(생리적 요소).

이러한 감정의 각 요소에 접근해서 우리는 감정을 변화시킬 수 있습니다. 먼저 생각 바꾸기를 통해 감정의 변화를 이끌어내는 인지적 방법, 행동에 접근해서 감정을 변화시키는 행동적 방법, 심장박동 · 혈압 · 땀 · 호흡 등 생리적 측면에 접근해서 감정을 변화시키는 생리적 방법, 마지막으로 감정을 느끼고 표현해서 해소하는 체험적 방법이 있습니다.

감정을 조절하는
세 가지 유형

게임 하기, 술 마시기, 노래방 가기, 영화 보기, 인터넷 서핑, 음악 듣기

〈보기〉는 보편적으로 자주 사용되는 감정조절 방법들입니다. 위 방법들은 다음 중 어떤 종류에 속할까요?

□ 감정을 유발한 자극이나 상황에 접근해서 다루는 접근적 방법

□ 주의를 다른 데로 돌림으로써 감정을 조절하는 주의분산적 방법

□ 다른 사람의 지지나 위안을 얻음으로써 조절하는 지지추구적 방법

감정조절 방법은 그 성격에 따라 크게 세 가지로 구분할 수 있습니다. 첫 번째는 감정이나 감정을 유발한 자극 혹은 상황에 접근해서 다루는 접근적 방법입니다. 감정을 유발한 대상에게서 도망가지 않고 직접 대면해서 다루는 방법입니다.

두 번째는 다른 데로 주의를 돌려 감정을 변화시키는 주의분산적 방법입니다. 감정은 주의에 반응합니다. 그 감정에 계속 주의를 주기 때문에 불쾌한 것이지요. 그렇기에 주의를 돌리면 감정이 완화되고 다른 감정이 나타날 수 있습니다. 멋진 풍경을 바라보면

기분이 좋아지는 것과 같은 이치입니다.

세 번째는 다른 사람의 지지나 위안을 얻어서 감정을 변화시키는 지지추구적 방법입니다. 우리는 누군가 자신의 감정을 이해하고 공감해주는 것만으로도 마음이 놓이고 편안해집니다. 또한 혼자가 아니라는 유대감과 친밀감은 고통스러운 감정을 따뜻하게 녹여줄 만큼 큰 보상이기도 합니다.

자, 그렇다면 〈보기〉의 방법들은 어디에 속할까요? 바로 주의분산적 방법입니다. 우리는 고통스러운 감정을 잊기 위해 게임을 하거나 수다를 떨거나 술을 마십니다. 영화 보기에 몰입하기도 합니다. 등장인물들과 함께 슬퍼하고 함께 기뻐하는 동안에는 내가 어떤 상황에 처해 있는지 잊어버립니다.

이렇듯 우리가 아는 대부분의 감정조절 방법은 주의분산적 방법입니다. 그러나 이 방법은 일시적으로 감정을 완화시키거나 유쾌한 감정을 유도할 수는 있지만, 불쾌한 감정을 다루지 않기 때문에 궁극적으로는 해소한 것이 아닙니다. 실컷 자고 일어났을 때, 좀 괜찮아진 듯해도 문제는 여전히 남아 있고 불쾌한 감정이 드는 것과 마찬가지입니다. 잠시 다른 데 갔다 돌아왔을 뿐 달라진 것은 없습니다.

그 감정에 접근하거나
기회를 엿보거나

다음 중 감정을 궁극적으로 조절하기 위한 방법은 무엇일까요?

□ 접근적 방법

□ 주의분산적 방법

□ 지지추구적 방법

세 가지 방법은 모두 감정을 조절하는 데 기여하는 방법입니다. 그런데 그 쓰임새가 각기 다릅니다. 이 가운데 감정을 궁극적으로 조절하는 방법은 바로 접근적 방법입니다.

감정을 궁극적으로 조절하기 위해서는 그 감정에 직접 접근해서 다뤄야 합니다. 호랑이를 잡으려면 호랑이 굴로 들어가야 하듯이, 그 감정에 다가가야 합니다. 그러나 늘 호랑이굴로 들어가 호랑이와 맞설 수는 없는 노릇이지요. 현명한 사냥꾼은 기회를 엿보며 때를 기다립니다.

바로 이때 사용하는 방법이 주의분산적 방법입니다. 접근적인 방법을 사용할 수 없다면, 주의분산적 방법을 사용해 일시적으로 감정을 완화시키며 조절할 수 있습니다.

나는 어떻게
감정을 조절할까?

내 감정조절
패턴 알아보기

당신이 감정을 조절하는 스타일은 어떤가요? 솔직하게 적어 보세요.

사람마다 감정을 조절하는 패턴이 다릅니다. 남성이냐 여성이냐, 외향적 성격이냐 내향적 성격이냐, 지성형이냐 감성형이냐에 따라서도 다르고 직업군에 따라서도 다릅니다. 훈육 장교들을 대상으로 정서조절 코칭 워크샵을 진행했던 적이 있습니다. 흥미롭게도 대부분의 장교가 비슷한 감정조절 패턴을 보였습니다.

자신의 평소 감정조절 패턴을 객관적으로 확인한다면, 자신을 보다 잘 이해할 수 있는 기회가 됩니다. 나아가 어떤 방향으로 감정조절을 해야 할지도 판단할 수 있습니다.

자, 그럼 당신의 감정조절 패턴을 확인해 볼까요?

자가 테스트를 하는 가장 손쉬운 방법은 정서조절 코칭 연구소(www. emotioncoach. co. kr)를 방문해 설문에 응하는 것입니다. 15분에서 20분쯤 걸리는데 끝나면 자동으로 채점되어 자신의 감정조절 패턴을 알 수 있습니다. 중간에 그만두는 일이 없도록 방해요소가 적은 상황에서 충분한 시간을 확보해 시작하는 것이 좋습니다. 마지막에 감정조절 방법 프로파일이 제공되면 인쇄하시기 바랍니다.

다른 방법은 다음의 질문에 응한 다음, 안내대로 채점을 해서 자신의 감정조절 방법 프로파일을 그리는 것입니다.

감정조절 방법 질문지[1]

다음 문항들은 사람들이 일상생활에서 겪는 불쾌한 감정을 감소시키기 위해 동원하는 다양한 노력들을 나열한 것입니다. 평소 당신이 부정적인 경험을 할 때 보이는 모습을 가장 잘 나타내주는 정도를 숫자로 표시해 보세요.

거의 그렇지 않다	가끔 그렇다	때때로 그렇다	자주 그렇다	거의 항상 그렇다
0	1　2	3	4　5	6

1. 처한 상황이나 문제를 합리적으로 생각하려 노력한다. ☐
2. 문제 해결을 위해 도움을 줄 수 있는 사람에게 구체적인 도움을 부탁한다. ☐
3. 일어나버린 상황에 대해 어쩔 수 없음을 받아들인다. ☐
4. 내가 어떻게 느끼는지 누군가에게 이야기한다. ☐
5. 왜 이런 기분을 느끼게 되었는지 이해하려고 노력한다. ☐
6. 상대방이나 주변 사람들에게 화를 낸다. ☐
7. 스스로에게 괜찮다고 말한다. ☐

---

1) 정서조절 방략 질문지(Emotion Regulation Strategy Questionnaire: ERSQ)로 다양한 감정조절 방법을 포괄적으로 측정하기 위해 저자가 개발한 질문지입니다. 문항과 채점 방법은 《정서조절 코칭북(이지영)》의 내용을 일부 발췌했습니다.

8. 느껴지는 감정을 부정하지 않고 수용하려 한다.

9. 행복했던 기억을 떠올려 본다.

10. 처한 상황이나 문제의 부정적인 측면에 대해 반복적으로 생각한다.

11. 부정적인 것은 잊어버리려 노력한다.

12. 그 일의 원인이 기본적으로 다른 사람에게 있다고 생각한다.

13. 이 일을 달리 해석해 볼 수 없는지 생각해 본다.

14. 처한 상황이나 문제를 개선하거나 해결하기 위한 구체적인 방법을
    실행에 옮긴다.

15. 누군가 나를 이해하고 위로해 주길 바란다.

16. 불쾌한 기분에서 벗어날 수 있도록 즐거운 장소에 간다.

17. 혼자 있거나 안전한 장소에서 소리를 크게 질러 본다.

18. 처한 상황이나 문제와 관련 없는 다른 일을 생각한다.

19. 지금 하고 있는 행동이나 생각이 내게 얼마나 도움이 될 것인지 생각해 본다.

20. 처한 상황이나 문제에 대해 무언가 구체적인 일을 할 수 있는
    사람과 이야기한다.

21. 폭식을 한다.

22. 나쁜 상황은 금방 지나갈 거라고 스스로에게 말한다.

23. 나를 행복하게 하는 것들을 떠올려 본다.

24. 주변 사람들에게 짜증을 낸다.

25. 평소 좋아하는 사람을 만나 시간을 보낸다.

26. 앞으로 일어날 일에 대해 자꾸만 안 좋은 쪽으로 생각한다.

27. 일은 이미 일어났고 어떻게든 달라질 수 없음을 받아들이려 한다.

28. 그 일이 다른 사람 잘못이라고 생각한다.

29. 담배를 피운다. □

30. 처한 상황이나 문제를 보다 나은 방향으로 해결할 수 있도록
　　차근차근 행동을 취한다. □

31. 혼자 있거나 안전한 장소에서 화장지나 종이 등의 물건을 찢거나
　　부수면서 불쾌한 감정을 해소하려 한다. □

32. 성적 행위(자위나 성관계 등)를 한다. □

33. 음식을 마구 먹어댄다. □

34. 상황이 왜 잘 진행되지 않았는지 평가한다. □

35. 내가 겪은 일이 얼마나 끔찍한지 계속 생각한다. □

36. 기분을 전환하기 위해 산책이나 드라이브를 한다. □

37. 자신에게 위안이 되는 말을 되뇐다. □

38. 마음이 편안해지거나 기분이 좋아지는 자연 경관을 머릿속에 그려본다. □

39. 처한 상황이나 문제가 다른 사람의 탓이라고 생각한다. □

40. 불쾌한 감정을 충분히 느끼려고 한다. □

41. 상대방이나 주변 사람들에게 내 감정을 정확하게 표현하려 한다. □

42. 안 좋은 일이 일어나게 될지 모른다고 계속해서 걱정한다. □

43. 편한 친구나 가족을 만난다. □

44. 불쾌한 감정을 있는 그대로 받아들이려 한다. □

45. 처한 상황으로부터 배울 게 있을 거라 생각한다. □

46. 과거에 기분을 좋게 해주었던 활동을 한다. □

47. 어떻게 하는 것이 좋을지 선배나 권위자에게 조언을 구한다. □

48. 혼자 있거나 안전한 장소에서 욕이나 심한 말을 함으로써 불쾌한
　　감정을 해소하려 한다. □

49. 처한 상황이나 문제를 잘 처리할 수 있는 방법을 취한다. ☐

50. 상황이 다르게 전개되었더라면 하는 생각을 반복적으로 한다. ☐

51. 이미 일어난 일이라는 사실을 받아들인다. ☐

52. 처한 상황을 변화시킬 수 있는 방법에 대해 생각해 본다. ☐

53. 그 일에 대해 다른 사람의 책임이라고 생각한다. ☐

54. 다른 사람에게서 공감이나 이해를 구하려 한다. ☐

55. 취할 때까지 술을 마신다. ☐

56. 상대방이나 다른 사람들에게 자꾸 시비를 건다. ☐

57. 불쾌한 감정을 유발했던 대상이나 상황을 반복해서 생각한다. ☐

58. 문제를 해결하기 위해 구체적인 행동을 취한다. ☐

59. 컴퓨터 게임을 한다. ☐

60. 친구와 함께 즐겁고 유쾌한 활동을 한다. ☐

61. 그 일에 대해 너무 깊이 생각하지 않으려고 한다. ☐

62. 과거에 즐거웠던 일들을 생각해 본다. ☐

63. 처한 상황이나 문제와 관련해 내가 실수하거나 잘못한 점들을
    계속해서 떠올린다. ☐

64. 앞으로 어떻게 할지 행동에 대한 계획을 세운다. ☐

65. 불쾌한 감정에 대해 부정하지 않고 받아들이려 한다. ☐

66. 처한 상황이나 문제에 대해 무엇을 할지 다른 사람에게 조언을 구한다. ☐

67. 친밀한 사람과 함께 시간을 보낸다. ☐

68. 내게 어떤 문제가 있을 거라는 생각을 반복한다. ☐

69. 필요 이상으로 많이 먹는다. ☐

1. 각 감정조절 방법의 원점수 구하기

해당 문항의 점수를 확인하고 그 점수를 더하세요. 각 감정조절 방법의 원점수는 해당 문항들 점수의 총합입니다.

1) 인지적 방법 : (1) + (2) + (3) + (4) + (5) = (점)

인지적 방법에 해당되는 다섯 가지 방법의 점수를 먼저 구한 다음, 그 점수를 다시 합산하면 인지적 방법의 점수가 됩니다.

    (1) **능동적으로 생각하기**

        $1 + 5 + 13 + 19 + 34 + 45 + 52 + 64 = ($ 점$)$

    (2) **수동적으로 생각하기**

        $7 + 11 + 18 + 22 + 37 + 61 = ($ 점$)$

    (3) **인지적으로 수용하기**

        $3 + 27 + 51 = ($ 점$)$

    (4) **부정적으로 생각하기**

        $10 + 26 + 35 + 42 + 50 + 57 + 63 + 68 = ($ 점$)$

    (5) **타인 비난하는 생각하기**

        $12 + 28 + 39 + 53 = ($ 점$)$

2) 체험적 방법 = (1) + (2) + (3) + (4) + (5) = (점)

체험적 방법에 해당되는 다섯 가지 방법의 점수를 구한 다음 합하면 체험적 방법의 점수가 됩니다.

(1) 즐거운 상상하기

9 + 23 + 38 + 62 = (　　　점)

(2) 타인에게 공감이나 위안 얻기

4 + 15 + 41 + 54 = (　　　점)

(3) 감정 수용하기

8 + 40 + 44 + 65 = (　　　점)

(4) 타인에게 부정적 감정 분출하기

6 + 24 + 56 = (　　　점)

(5) 안전한 상황에서 부정적 감정 분출하기

17 + 31 + 48 = (　　　점)

3) 행동적 방법 : (1) + (2) + (3) + (4) + (5) + (6) = (　　　점)

행동적 방법에 해당되는 여섯 가지 방법의 점수를 구한 다음 합하면 행동적
방법의 점수가 됩니다.

(1) 문제 해결 행동 취하기

14 + 30 + 49 + 58 = (　　　점)

(2) 조언이나 도움 구하기 :

2 + 20 + 47 + 66 = (　　　점)

(3) 친밀한 사람 만나기 :

25 + 43 + 67 = (　　　점)

(4) 기분 전환 활동하기 :

16 + 36 + 46 + 60 = (　　　점)

(5) 폭식하기 :

21 + 33 + 69 = (　　　점)

(6) 탐닉 활동하기 :

29 + 32 + 55 + 59 = (점)

2. 각 감정조절 방법의 환산점수를 구하라

앞서 구한 감정조절 방법의 원점수를 백분위 환산점수로 바꿉니다. 다음의 빈칸에 원점수를 넣어 계산하면 됩니다.

1) 인지적 방법 : $100 \times \dfrac{[\text{인지적 방법 원점수} : \qquad]}{174} = ($ 점$)$

   (1) 능동적으로 생각하기 : $100 \times \dfrac{[\qquad]}{48} = ($ 점$)$

   (2) 수동적으로 생각하기 : $100 \times \dfrac{[\qquad]}{36} = ($ 점$)$

   (3) 인지적으로 수용하기 : $100 \times \dfrac{[\qquad]}{18} = ($ 점$)$

   (4) 부정적으로 생각하기 : $100 \times \dfrac{[\qquad]}{48} = ($ 점$)$

   (5) 타인 비난하는 생각하기 : $100 \times \dfrac{[\qquad]}{24} = ($ 점$)$

2) 체험적 방법 : $100 \times \dfrac{[\text{체험적 방법 원점수} : \qquad]}{108} = ($ 점$)$

   (1) 즐거운 상상하기 : $100 \times \dfrac{[\qquad]}{24} = ($ 점$)$

   (2) 타인에게 공감이나 위안 구하기 : $100 \times \dfrac{[\qquad]}{24} = ($ 점$)$

(3) 감정 수용하기 : $100 \times \dfrac{[\qquad]}{24} = ($ 　 점)

(4) 타인에게 부정적 감정 분출하기 : $100 \times \dfrac{[\qquad]}{18} = ($ 　 점)

(5) 안전한 상황에서 부정적 감정 분출하기 : $100 \times \dfrac{[\qquad]}{18} = ($ 　 점)

3) 행동적 방법 : $100 \times \dfrac{[\text{행동적 방법 원점수 :} \qquad]}{132} = ($ 　 점)

(1) 문제 해결 행동 취하기 : $100 \times \dfrac{[\qquad]}{24} = ($ 　 점)

(2) 조언이나 도움 구하기 : $100 \times \dfrac{[\qquad]}{24} = ($ 　 점)

(3) 친밀한 사람 만나기 : $100 \times \dfrac{[\qquad]}{18} = ($ 　 점)

(4) 기분 전환 활동하기 : $100 \times \dfrac{[\qquad]}{24} = ($ 　 점)

(5) 폭식하기 : $100 \times \dfrac{[\qquad]}{18} = ($ 　 점)

(6) 탐닉 활동하기 : $100 \times \dfrac{[\qquad]}{18} = ($ 　 점)

감정조절 방법 프로파일 그리기와 해석하기

감정조절 방법의 환산점수를 다음 감정조절 방법 프로파일의 빈 칸에 써 넣은 후, 해당하는 위치에 점을 찍고 막대그래프를 그리세요. 평소 감정조절 패턴을 한눈에 알 수 있는 프로파일이 완성됩니다.

감정조절 방법 프로파일 예

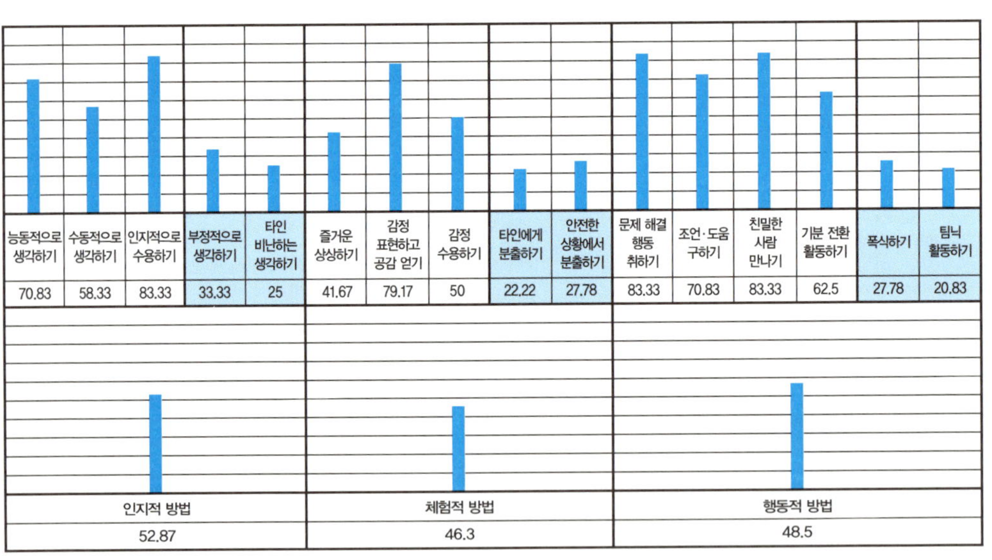

능동적으로 생각하기	수동적으로 생각하기	인지적으로 수용하기	부정적으로 생각하기	타인 비난하는 생각하기	즐거운 상상하기	감정 표현하고 공감 얻기	감정 수용하기	타인에게 분출하기	안전한 상황에서 분출하기	문제 해결 행동 취하기	조언·도움 구하기	친밀한 사람 만나기	기분 전환 활동하기	폭식하기	팀닉 활동하기
70.83	58.33	83.33	33.33	25	41.67	79.17	50	22.22	27.78	83.33	70.83	83.33	62.5	27.78	20.83

인지적 방법	체험적 방법	행동적 방법
52.87	46.3	48.5

나의 감정조절 방법 프로파일

능동적으로 생각하기	수동적으로 생각하기	인지적으로 수용하기	부정적으로 생각하기	타인 비난하는 생각하기	즐거운 상상하기	감정 표현하고 공감 얻기	감정 수용하기	타인에게 분출하기	안전한 상황에서 분출하기	문제 해결 행동 취하기	조언·도움 구하기	친밀한 사람 만나기	기분 전환 활동하기	폭식하기	팀닉 활동하기

인지적 방법	체험적 방법	행동적 방법

프로파일 해석

프로파일에 기입된 환산점수는 해당 방법을 사용하는 빈도를 의미합니다. 만약 0이라면 평소 그 방법을 전혀 사용하지 않는다는 뜻이고, 100이 나왔다면 항상 그 방법을 사용한다는 의미입니다.

프로파일의 아래 칸에 있는 막대그래프는 인지적 방법·체험적 방법·행동적 방법을 사용하는 총점을 말합니다. 이 또한 동일하게 해석할 수 있습니다. 만약 인지적 방법이 70, 체험적 방법이 30, 행동적 방법이 50이 나왔다면, 생각에 접근하는 인지적 방법을 가장 자주 사용하고 체험적 방법은 별로 사용하지 않는다고 볼 수 있습니다.

프로파일 상단의 열여섯 가지 방법이 모든 감정조절 방법을 포함한다고 말할 수는 없지만 사람들이 감정을 조절하기 위해 사용하는 의미 있는 방법들을 다양하게 포함하고 있습니다. 수많은 감정조절 방법을 과학적으로 분석해서 획득한 카테고리입니다.

이 열여섯 가지에는 인지적 방법 다섯 가지, 체험적 방법 다섯 가지, 행동적 방법 여섯 가지가 포함되어 있습니다. 생리적 측면에 접근하는 방법은 자기보고식 방법으로 측정하기 어려워 제외되었습니다.

이 가운데 진하게 칠해진 여섯 가지는 감정조절에 도움이 되지 않거나 오히려 악화시키는 부적응적인 방법으로, 부정적으로 생각하기·타인 비난하는 생각하기·타인에게 부정적 감정 분출하

기·폭식하기·탐닉 활동하기 등입니다. 이 중 안전한 상황에서 분출하기는 어떻게 사용하느냐에 따라 효과적일 수도, 그렇지 않을 수도 있습니다.

나머지 열 가지는 감정조절에 도움이 되는 적응적인 방법으로, 이 가운데 능동적으로 생각하기·문제해결 행동 취하기·인지적으로 수용하기·감정 수용하기는 접근적인 방법입니다. 그리고 수동적으로 생각하기·즐거운 상상하기·기분 전환 활동하기는 주의분산적 방법입니다. 마지막으로 조언이나 도움 구하기·친밀한 사람 만나기·감정을 표현하고 공감 얻기는 지지추구적 방법입니다.

프로파일을 해석할 때 다음 질문들에 답해보시기 바랍니다.

1. 당신이 평소에 사용하는 부적응적인 방법들은 무엇입니까?

2. 각 부적응적인 방법들을 얼마나 자주 사용합니까?

3. 당신이 사용하는 적응적인 방법들은 무엇입니까?

4. 적응적인 방법들 가운데 접근적 방법은 무엇입니까? 주의분산적 방법은 무엇입니까? 지지추구적 방법은 무엇입니까?

5. 효과적이지만 자주 사용하지 않는 방법은 무엇입니까?

이 프로파일은 당신의 감정조절 패턴을 말해줄 뿐 좋거나 나쁘다고 말하는 것은 바람직하지 않습니다. 다만 적응적인 방법들을 많이 사용할수록 정신 건강에 이롭다고 말할 수는 있습니다. 또한 접근적 방식을 자주 사용할수록 당신의 감정조절은 효과적일 것입니다.

만약 부적응적인 방법을 많이 사용하고 있다면, 먼저 줄이도록 노력하세요. 그리고 적응적인 방법의 사용을 늘려 보세요. 또한 몇 가지 방법에 치우쳐 감정을 조절해 왔다면 인지적·체험적·행동적 방법을 골고루 사용해 보세요. 감정조절 능력이 향상될 것입니다.

감정을
조절하는 방법들

당신은
어떤 방법으로
감정을 조절하나요?

- □ 스스로를 자책하다가 걱정을 떨쳐버리기 위해 폭식이나 게임에 열중해요.

- □ 내가 어떤 감정을 느끼고 있는지 왜 그런지 생각해요.

- □ 즐거웠던 일을 생각해요. 산이나 바다 등을 떠올려 보는 거죠.

- □ 친한 사람과 분위기 좋은 카페에서 스트레스가 풀릴 때까지 수다를 떨어요.

잘못된
감정조절 방법들

생각하고
또 생각하기

부정적으로 생각하기·타인 비난하는 생각하기·타인에게 부정적 감정 분출하기·폭식·탐닉 활동 등은 효과가 없을 뿐 아니라 오히려 우울이나 불안 등 부정적인 감정을 증폭시킵니다. 그런데 우리는 왜 이런 방법들을 자꾸 사용할까요?

중기 씨는 거래처와 시장상황에 대한 통화를 했습니다. 전화를 끊고 한참 일을 하다가 문득 아까 자신이 잘못된 사실을 얘기했다는 점을 깨달았습니다. 아차 싶었고 긴장이 되기 시작했습니다. '그 사람이 나중에 알게 되면, 나를 얼마나 우습게볼까?' 중기 씨는 얼굴까지 화끈거렸습니다.

그 후 거래처에서 다시 전화가 오지 않을지 살피며 만회할 기회를 찾아 전전긍긍했습니다. 자신을 우습게 볼 거라는 생각이 떠나지 않았습니다. 중기 씨는 수치스러웠고 급기야 '그 사람은 더 이상 내게 일을 맡기지 않을 거야'라는 생각에 가슴이 답답해졌습니다.

'부정적으로 생각하기'는 다시 반추·걱정·파국화·자기비난으로 세분화될 수 있습니다. 먼저 반추를 살펴볼까요? 반추rumination란 부정적인 측면을 반복해서 생각하는 것입니다.

예를 들어, 점심을 먹고 회사로 들어오는 길에 넘어지고 말았습니다. 아프기도 하지만 창피합니다. 엘리베이터에 타서도 생각합니다. '사람들이 봤을 텐데 얼마나 한심하게 생각했을까? 어휴, 창피해.' 사무실에 돌아와 일을 하면서도 아까 넘어진 장면을 떠올리며 또 창피해 합니다. 퇴근하고 집에 가는 버스 안에서도, 집에 도착해 샤워를 하면서도, 잠자리에 들어서도 마찬가지입니다.

반추는 생각하고 또 생각하는 것입니다. 마치 고장 난 비디오테이프가 일정 부분만 계속 반복해 되돌려 재생되는 것과 같습니다. 처음에는 불쾌한 감정을 조절하고 해결하기 위해 시작하지만, 대비되는 '반성reflection'과 같이 감정의 원인을 살피는 생산적인 방향으로 나아가지 못합니다. 이렇게 계속 반추를 하다 보면, 처음엔 자신을 본 사람이 한두 명일 거란 생각에 기분이 조금 상하는 정도이지만, 생각이 거듭될수록 본 사람들은 수십 명이 되고 급기야

세상 모든 사람이 다 본 것처럼 느껴집니다. 그러니 반추를 할수록 더욱 불쾌해질 뿐입니다.

걱정하는 사람들의
착각

걱정 그 자체는 우리 삶에 도움이 될까요?

☐ **그렇다.**

☐ **아니다.**

걱정 자체가 나쁜 것은 아닙니다. 걱정은 모든 일상생활에서 일어날 수 있는 보편적인 심리 현상이며, 미래의 부정적인 사건에 대비하기 위해 필요한 해결 방안을 찾는 적응적인 과정입니다. 그러니 걱정 자체가 문제가 되는 것은 아닙니다.

문제는 과도한 걱정입니다. 걱정을 너무 자주하거나 심하게 할때, 도저히 걱정을 떨쳐버리기 어려울 정도일 때 그것은 병리적인 걱정입니다. 혹시 주변에 걱정이 지나친 분들이 꽤 있지 않나요? 하루 종일 오만가지 걱정을 하고, 아무리 도움이 되는 조언을 해도 쉽사리 걱정을 멈추지 못합니다. 옆에서 보면 그저 딱하고 안타까울 따름입니다. '그렇게 걱정할 시간에 이렇게 하면 괜찮아질 텐데' '저렇게 해보면 문제가 해결될 텐데. 왜 걱정만 하고 있지?' 라는 생각이 절로 듭니다.

이런 분들은 문제 해결이라는 걱정의 기능을 제대로 발휘하지 못합니다. 실제적인 생각이나 해결적인 행동을 취하지 못한 채 걱정만 반복합니다. 그런데 흥미롭게도 자신이 아무것도 안 하고 있다고 생각하지 않습니다. 문제 해결을 위해 뭔가를 하고 있다고 생각합니다. '난 그래도 걱정을 하고 있잖아. 회피하지도 않고. 계속 생각하면서 뭔가 하고 있는 거야.' 이렇게 자기 위안과 만족을 하면서 걱정만 합니다.

만약 당신도 그렇다면 지금 이 순간부터 걱정하는 습관을 멈춰보세요. 당신은 그저 눈 가리고 아웅 하듯이 스스로를 위안하고 있을 뿐이라는 점을 기억하세요.

사소한 일이
순식간에 끔찍한 일로

선미는 대학교 4학년입니다. 얼마 전 중간고사 성적이 나왔는데, 한 과목이 예상과 달리 점수가 낮았습니다. '이런. 성적이 나쁘게 나왔네. 기말고사를 잘 봐야 할 텐데.' 선미는 자꾸 걱정이 되었습

니다. '이러다 기말고사까지 망치면 어쩌지?'라는 생각이 들면서 긴장이 되었습니다. 그러다 '기말고사를 망쳐 D나 F학점을 받으면 어쩌지?' 하는 생각으로 발전해 '그 과목 때문에 대학원에 떨어지면 어떻게 해?' 하는 끔찍한 생각이 들기 시작했습니다. '대학원에 떨어지면 나는 어떻게 하지? 취직을 해야 하나? 그런데 이 과목 때문에 취직도 안 되면 어떻게 해? 취직도 못하는데 시집은 갈 수 있을까? 결혼도 못하면 어떻게 해?'

이제 남은 것은 아무것도 없는 듯한 느낌마저 들었습니다. '난 결국 인생의 실패자가 되는 거야.' 선미는 절망스러웠습니다.

이처럼 극단적인 결과를 자꾸 예상하는 것이 파국화입니다. 파국화를 자주 하는 분들은 대개 사소한 부정적 사건에서 시작해 순식간에 끔찍한 일까지 생각합니다. 그리고 말합니다. "극단적으로 안좋은 상황을 미리 예상해야 만의 하나라도 일어날 수 있는 좋지 않은 상황을 미연에 방지하고 준비할 것 아닙니까?"

물론 실제로 준비하는 분들도 있겠지요. 그러나 그게 어디 쉬운가요. 끔찍한 상황을 자꾸 예상하니 아무것도 하지 못한 채 기분만 더 안 좋아집니다. 지나치게 긴장하고 불안하면 얼어버리듯이 그 감정에 압도됩니다. 그저 떨고 있을 뿐입니다.

이것도 내 탓,
저것도 내 탓

불쾌한 감정을 경험할 때 자신을 탓하는 분들이 있습니다. 이들은 불쾌한 감정의 원인이 자신에게 있다고 여깁니다. 그리고 자신의 잘못을 고치면 상황을 바꿀 수 있으리라 생각합니다. 때로는 자신과 상관없는 일에 대해서까지 자신에게서 원인을 찾아내고 자신을 비난합니다. 이들은 자신을 끊임없이 비판적으로 평가하고 잘못을 찾아냅니다. 또한 스스로에 대해 어이없을 정도로 높은 기준과 기대치를 가지고 있는 경우가 많습니다.

왜 그럴까요? 성장 과정에서 들은 부모의 말 때문일 가능성이 높습니다. "네가 좀 더 잘했으면 이런 일이 없었잖아." "네가 잘했으면 너한테 그렇게 했겠니?" "너 때문에 엄마 아빠가 싸웠잖아." "너 때문에 일이 이 모양이 됐어."

이런 비난을 자꾸 받다 보면, 점차 이를 내면화해 자신을 탓하는 습관을 갖게 됩니다. 특히 아이들은 현실적인 판단을 하기 어렵기 때문에, 자신이 잘못한 부분을 정확히 파악하기보다는 전반적이고 막연하게 자신을 비난하며 관련되지 않은 일이나 그럴 만하지 않은 상황에서도 자신을 탓합니다. '내가 뭔가 알지 못하는 잘못을 했을 거야.'

이렇듯 자기 비난이 습관화 되면, 자신에 대해 화가 나고 그에

따른 공격성이 커집니다. 자신에 대한 혐오와 증오가 쌓여 우울감과 무력감이 증가하기도 합니다. 그 감정에 빠져 다른 생각은 들지 않습니다. 상황을 객관적으로 보지 못하고, 정작 필요한 해결방법을 모색하거나 실행할 생각조차 못하게 됩니다.

그런데 이런 분들은 "착하다" "좋은 사람이다"라는 소리를 자주 듣습니다. 물론 그럴지도 모릅니다. 이 세상에는 자신이 잘못했음에도 불구하고 나 몰라라 하거나 오히려 다른 사람을 탓하는 사람들이 많으니까요.

다만 '이것도 내 탓이요 저것도 내 탓이다'라는 태도가 문제입니다. 결국 '모든 것이 다 나 때문이다'인데, 과연 그것이 가능할까요? 다르게 표현하면 '모든 것이 다 내게 달려 있다'는 말인데 이 얼마나 자기중심적인 사고방식입니까.

불쾌한 상황의 원인이 모두 자신에게 있고, 자신이 다르게 한다면 상황도 달라질 것이라는 건, 세상에 일어나는 일들에 대한 자신의 기여도를 지나치게 과장해서 지각하는 것이지요. 그렇습니다. 자기 비난의 다른 한 쪽에는 지나친 자기애가 숨어 있습니다. 이 점을 깨닫는다면 더 이상 자기 비난의 사고방식을 고집하지 않을 수 있을 것입니다.

세상에 일어나는 수많은 일들 가운데 우리가 영향을 미칠 수 있는 일이 과연 얼마나 될까요? 또한 우리는 다른 사람의 감정이나 행동을 결정할 수 없습니다. 그것은 그들의 몫입니다. 물론 실제로 영향을 미쳤을 수도 있습니다. 그렇다면 당신이 기여한 정도를 구체적으로 찾아서, 딱 거기까지만 탓하고 책임을 지기 바랍니다. 딱 거기까지만요.

남의 탓,
자존감은 지킬지 몰라도

월요일 아침, 소라는 늦잠을 자고 말았습니다. 급히 일어나 대충 준비하고 차를 몰아 회사로 향하는데, 초보운전 표지를 붙이고 서행하는 차가 앞을 가로막는 바람에 큰길 사거리에서 신호에 걸리고 말았습니다. 단 1분도 급한데 신호가 바뀔 때까지 기다리는 4~5분의 시간은 정말 길었습니다. 결국 5분을 지각해서 눈치를 보며 사무실로 들어가 자리에 앉았습니다. '그 초보운전자 때문에 지각하고 말았어.' 소라는 화가 났습니다. 실은 자신의 늦잠 때문에 지각한 줄 알면서도 그 운전자를 원망했습니다.

불쾌한 일을 겪으면, 우리는 먼저 '왜 내게 이런 일이 생겼지?'라고 자문해 봅니다. 그 원인이 자신에게 있다고 생각하면 위축되고 우울하겠지요. 특히 굉장히 중요한 일이라면, 자존감에 깊은 상처를 줄지 모릅니다.

반대로 그 원인이 외부에 있다면 어떨까요? 일단 그 일에 대한

책임을 모면할 수 있고, 자존감의 손상을 막아 스스로에 대해 안전함을 느낄 것입니다. '나 때문은 아니야'라고요.

편집증이 있는 분들이 자주 사용하는 감정조절 방법이 타인을 비난하기입니다. 편집증의 가장 큰 특징은 다른 사람의 말이나 행동에 어떤 저의가 있다고 해석하는 것입니다. '저 사람이 나를 어렵게 하려고 일부러 그렇게 행동한 거야.' '내가 일을 망친 건 분명 저 사람이 뒤에서 어떤 꼼수를 부렸기 때문이야.' 이들은 주변을 믿지 못하고 의심합니다. 좋지 않은 일이 생기면 그 원인을 항상 다른 사람에게서 찾습니다. 자신의 명백한 잘못도 결코 인정하지 않습니다. 혼자 깨끗하고 당당하며 남들은 다 비난받아 마땅합니다. 도대체 왜 그럴까요?

우리 모두는 완전하지 않습니다. 불완전하기 때문에 실수도 하고 잘못도 저지릅니다. 그럴 때면 스스로가 부끄럽고 자존심을 다치기도 합니다. '내가 이것밖에 안 돼? 이 정도였어?' 이런 과정을 겪으면서 나 자신을 들여다보고 이해하고 받아들이며 우리는 성숙해 갑니다. 그리고 알게 됩니다. 나는 진실로 불완전한 존재라는 것을.

그런데 남 탓을 하는 이들은 실수나 실패를 용납하지 못합니다. 그것은 자존감과 존재감을 뒤흔들 만큼 위협적으로 지각됩니다. 자신에게 실수나 잘못이 있음을 도저히 받아들일 수 없습니다. 즉 스스로 감당할 수 없기 때문에, 자신 밖에서 원인을 찾습니다. 잘

못은 다른 사람이 했고, 나를 시기하고 음해하는 사람들 때문에 이런 실패나 불행을 겪는다는 식으로 원인을 돌립니다. 이렇게 생각하면 적어도 자존감은 보호할 수 있을 테니까요.

담비는 가희와 함께 쇼핑을 가기로 했습니다. 백화점으로 바로 가려 했는데, 근처에 있으니 픽업해 달라는 가희의 전화가 왔습니다. 담비는 가희를 픽업하고, 둘은 수다를 떨기 시작했습니다. 백화점에 도착해 주차하는 동안에도 수다는 멈추지 않았습니다. 그러다 그만 담비는 자신의 차 사이드미러에 흠집을 내고 말았습니다. 속상한 담비는 그 순간 생각했습니다. '나 혼자 왔더라면 이런 실수는 안 했을 텐데. 괜히 태워달라고 해서 이렇게 됐잖아. 다 가희 때문이야.'

원인을 다른 사람에게 돌리면, 자신의 책임은 모면할지 몰라도 그 사람에게 화가 납니다. 화가 치미니 공격성이 증가합니다. 아무리 티내지 않는다 해도 어떤 방식으로든 전달되게 마련입니다. 담비는 은연중 가희를 차갑게 대하거나 사소한 일에 짜증을 낼지 모릅니다. 또한 누군가 그 사람에 대해 얘기할 때, 괜히 흉을 보거나 은근히 공격하기도 합니다. 이런 태도는 제삼자에게도 부정적인 인상을 줍니다.

우리는 상대가 내게 호의적인지 아닌지 귀신같이 알아냅니다. 가희 역시 담비를 호의적인 방식으로 대하지는 않을 것입니다. 나

중에 담비는 '내가 왜 그랬지?' 하고 후회할지 모릅니다. 남을 탓하는 일은 이처럼 대인관계에서 추가적인 문제를 일으킵니다.

화풀이는
나에게 돌아온다

유이는 엄마가 시킨 일을 깜박 잊고 있다가 마침 생각이 나서 막 하려던 참이었습니다. 그런데 그 순간 엄마가 집으로 돌아왔습니다. "아까 말한 일 다 했니?" "어, 깜박 잊었는데 이제 하려고." "너는 정신을 어디에 두고 다니는 거니? 그런 정신으로 뭘 하겠다는 거야?" "잘못했어. 금방 할게." 그러나 엄마는 잔소리를 그치지 않았고 유이는 기분이 몹시 나빴습니다.

엄마가 시킨 일을 다 해갈 무렵 남자친구에게서 전화가 왔습니다. "우리 만나기로 한 시간이 다섯 시야 여섯 시야?" 갑자기 엄청난 짜증이 몰려왔습니다. "이제 문자로 애기했잖아. 문자 보면 되지 왜 전화야? 넌 왜 내 문자를 제대로 안 보는데?" 유이는 미구 화를 퍼부었습니다. 엄마의 잔소리 때문에 회가 났는데, 남자친구에게 화풀이를 한 것입니다.

비슷한 예는 많습니다. 직장에서 잔뜩 스트레스를 받고 왔는데, 아이들은 집을 엉망으로 어질러놓고 숙제도 하지 않았습니다. 화가 치밀어 오르지요. 그래서 소리를 지릅니다. 신경질을 내고 폭언을 합니다. "너희들 대체 뭐가 될래? 왜들 이 모양이야? 학교 가지 마. 이럴 거면 학교 가지 말라고!"

다른 일로 기분이 나쁜데, 상관없는 사람들한테 뚱하고 냉랭하게 대하며 핀잔을 주기도 합니다. 혹은 화나게 한 그 사람에게 화를 폭발하고서는 뒤돌아 후회하기도 합니다. 왜 그러는 걸까요?

어떻게든 표출해야 시원해지기 때문입니다. 그 순간에는 화를 내고 싶고, 화를 내면 뭔가 해소되는 것 같습니다. 당연한 일입니다. 감정은 느끼고 표현해야 해소되고 사라지니까요.

감정은 계속 '나 좀 표현해 줘! 발산해 줘!'라고 신호를 보내기 때문에 긴장감이 느껴집니다. 언제 터질지 모르는 긴장감입니다. 그렇게 밖으로 표출될 기회만 엿보다가 드디어 화를 내면 그 긴장감은 감소하고 일시적으로 해소되는 듯 느껴집니다.

그런데 그러고 나면 마음이 편한가요? 결코 그렇지 않습니다. 내가 왜 그랬는지 후회되고 화낸 사람에게도 미안해집니다. 그 대상이 자녀라면 혹 나쁜 영향을 미칠까 봐 더욱 불안해집니다.

화를 잘 내는 분들이 자신의 행동을 포장하는 말이 있습니다. "난 뒤끝은 없어." 속에 담아두지 않는다는 말인데, 불쾌한 감정을 밖으로 꺼내 풀었으니 남아 있는 게 있을 리가 없습니다. 그런데 그 감정은 다 어디로 갔을까요?

바로 그 감정을 풀어낸 상대방이나 함께 있던 주변 사람들에게

로 떠넘겨졌습니다. 화를 내거나 싸우는 장면을 보는 것만으로도 우리는 짜증이 납니다. 부당한 공격을 받았기 때문에 억울하기까지 합니다.

혹시 '나를 화나게 했으니까 저 사람한테 화를 내는 거지'라고 정당화할지도 모르겠습니다. 그러나 그가 당신을 화나게 했다고 해서 그에게 화를 내는 것이 정당화될 수는 없습니다. 그 이유는 첫째, 감정은 자극이나 대상이 유발시킨 것이 아니라 그 자극이나 대상에게 자신이 부여한 의미 때문에 생기기 때문입니다. 즉 당신이 어떻게 해석하느냐에 따라 다른 감정을 느낄 수 있습니다.

둘째, 각자 그 감정을 유발시킨 정도를 다르게 지각하기 때문입니다. 예를 들어, 누가 봐도 명백하게 우빈이가 종석이를 화나게 하는 상황입니다. 그런데 종석이는 우빈이가 유발시킨 화의 정도를 90으로, 우빈이 스스로는 60으로 지각합니다. 따라서 종석이가 우빈이에게 받은 화를 되돌려주는 차원에서 화를 내더라도, 우빈이 입장에서는 30을 초과해서 받았다고 생각합니다. 그러니 상대방은 늘 억울합니다. 그 정도는 아닌데 말입니다.

셋째, 모든 것을 다 떠나 당하는 입장에서는 어쨌든 상처가 됩니다. 그 순간 자신이 존중받지 못했다고 지각하기 때문입니다. 화나 짜증을 받고 있노라면 '내가 왜 이러한 대우를 받아야 하지?'라는 의문이 들고, 때로는 모멸감마저 느껴집니다.

부정적인 감정을 분출한 사람 또한 뭔가 잘못될 것 같은 찝찝함을 느낍니다. 자신이 뿌린 화가 언제 부메랑이 되어 돌아올지 모르기 때문입니다. 누군가 신경질을 부리고 화를 내는데, 자신을 함부로 대하는데 그 사람에 대한 마음이 고울 리 있을까요? 그렇지 않습니다. 화가 나지요. 언젠가 지금 당한 것을 갚아줘야겠다고 생각할지 모릅니다. 주변 사람들에게 안 좋은 얘기를 흘릴지도 모르고, 그 사람에게 영향을 미칠 수 있는 기회가 오면 부정적인 방향을 선택할 수도 있습니다.

이렇듯 대인관계에 갈등이 생기고, 부정적인 평가와 대가가 돌아올지 모른다는 걱정과 불안감에 휩싸이기도 합니다. 실제로 제가 상담했던 한 여성은 아이들에게 자주 화를 폭발했습니다. 그 순간에는 시원한 느낌이 들었지만, 그 다음에는 반드시 아이들로 인해서 열이 받는 일들이 생겼습니다. 아이들은 엄마가 화를 폭발하는 동안에는 조용히 있다가, 괜찮아지면 당한 것을 보복했습니다. 엄마가 하지 말라는 행동을 하거나 화를 돋우는 방식으로 말입니다.

먹는 기쁨,
살찌는 두려움

정아는 낮에 회사에서 있었던 일 때문에 우울했습니다. 집에 돌아와 식구들과 함께 저녁을 먹으려고 식탁에 앉았는데, 회사에서 있

었던 일이 떠올라 음식을 마구 먹기 시작했습니다. 식구들이 모두 식탁을 떠난 뒤에도 정아는 혼자 앉아 남은 음식을 모두 먹어치웠습니다. 그러고는 냉장고를 열어 먹을 만한 음식을 뒤져 과일과 과자까지 모조리 입에 넣었습니다. 다 먹고 나니 기분이 더욱 나빴습니다. 속까지 더부룩해 소화제를 찾아 먹어야 했습니다.

먹는 것은 기분 좋은 일이지요. 그래서 기분이 좋지 않을 때 소문난 집을 찾아가 맛있는 음식을 먹기도 하고, 일부러 매운 음식을 먹기도 합니다. 음식은 당분을 보충시켜 기분을 좋게 합니다. 매운 음식에 들어 있는 캡사이신도 기분을 좋게 만드는 물질을 분비시킵니다. 뭔가 채워진 것 같은 포만감은 일시적으로 불쾌한 감정을 완화해 줍니다.

문제는 과식과 폭식입니다. 너무 많이 먹으면 속이 불편하고 신물이 올라옵니다. 구역질도 납니다. 먹을 때는 모릅니다. 실컷 먹고 나야 '도대체 내가 무슨 짓을 한 거야?' 하고 정신이 듭니다. 과식 금지 결심을 지키지 못한 자신이 실망스럽고 죄책감이 듭니다. 미친 듯이 먹어대던 자신의 모습을 떠올리며 수치심과 혐오감을 느낍니다. 특히 외모가 걱정됩니다. 걱정은 현실이 되어 결국 체중이 증가하고 자신감을 잃습니다. 사람들과의 만남을 피하고, 사회적으로 위축되기도 합니다.

맛있는 것을 먹으면 기분이 좋아집니다. 그러나 기분을 전환시킬 수 있는 딱 그 만큼만 먹으세요. 거기서 멈춰야 합니다.

현실은 외면한 채
쾌감의 늪에 빠진다

혜진이는 자격증 시험을 준비하고 있습니다. 벌써 두 번이나 떨어졌는데, 모두 한 과목 때문입니다. 이번에는 꼭 붙어야 한다는 부담감이 큽니다. 그런데 그 부담감에 공부가 더욱 하기 싫어집니다. 벌써 며칠째 틈만 나면 드라마 시리즈를 보고 있습니다. 한번 보기 시작하면 재미있어서 그만둘 수가 없습니다. 자꾸만 다음 이야기가 궁금해집니다. 그러다 보면 새벽이 되고 날이 밝을 즈음 잠이 드는 경우가 다반사입니다. 시험 날짜는 점점 다가오는데, 책 페이지는 넘어가질 않고 다운받은 드라마만 늘어나고 있습니다.

요즘 온라인 게임에 빠진 사람들을 어렵지 않게 볼 수 있습니다. 특히 여성에 비해 남성들이 게임처럼 중독성 있는 대상에 빠지는 경우가 더 많습니다. 술·담배·약물·인터넷 서핑·성행위 등은 기분을 효과적으로 전환시켜 줍니다. 그만큼 손쉽게 즐거움과 짜릿함을 주기 때문에, 쉽게 빠져들게 합니다.

바로 여기에 문제가 있습니다. 불쾌할 때 잠시 사용한다면 효과적인 조절 방법이 되지만, 너무나 재미있고 흥분되고 유쾌해서 도저히 그만둘 수가 없습니다. 삶은 재미없고 무기력하고 불안하고 온통 스트레스뿐인데, 이 활동을 하는 동안에는 이를 잊고 쾌감을 느낄 수 있습니다. 예를 들어, 게임 세계 안에서 칼을 휘두르고 있

노라면 적을 무찌르는 위대한 사람이 된 것 같습니다. 조금만 더 시간을 투자하면 세상을 정복해 가는 성취감도 느낄 수 있습니다.

그러다 보면 현실의 문제를 외면한 채, 그 불쾌한 감정을 궁극적으로 해결할 방법조차 생각하지 못하게 됩니다.

궁극적인
감정조절 방법들

원인을 찾아
바꾸기

혜선 씨에게는 부탁받은 업무가 있습니다. 높은 위치에 있는 분의 부탁이라 거절할 수도 없고 부담스럽게만 느껴집니다. 업무를 유독 자신에게만 주는 것 같아 스트레스도 받습니다.

그러다 문득 혜선 씨는 '내가 다른 사람보다 만만하고, 할 일이 없다고 생각해서 그런 걸까?' 하는 생각을 반복하고 있음을 알아차렸습니다. 그 순간 자신이 스트레스를 받는 것은 일 자체가 아니라 이런 생각 때문이었음을 알게 되었지요. 그래서 혜선 씨는

이렇게 생각했습니다. ‘내가 이 일을 잘하기 때문이야. 잘 못하면 이런 부탁도 하지 않을 거야.’ 그러자 마음이 편해졌습니다.

감정은 자극이나 상황에 대해 어떤 평가를 내리기 때문에 발생한다는 점을 기억할 것입니다. 따라서 그 평가가 달라지면 감정 또한 달라집니다. 능동적으로 생각하기는 이처럼 부정적인 생각을 좀 더 긍정적이고 대안적인 생각으로 바꾸는 방법입니다. 이는 접근적인 방법으로 가장 효과적인 감정조절 방법 가운데 하나입니다.

불쾌한 감정을 느끼고 있을 때 누군가 이유를 물으면, 적지 않은 사람들이 이유가 없다고 대꾸합니다. 과연 그럴까요? 앞에서 다루었듯이, 감정은 결코 이유 없이 나타나지 않습니다. 그런데 불쾌한 감정의 원인을 파악하는 것이 왜 감정조절에 중요할까요?

만약 우리가 감정을 유발한 원인을 제대로 알지 못한다면, 우리는 살아가면서 반복적으로 그 감정을 유발했던 자극에 노출될 것입니다. 그 자극에 대해 유사한 평가를 반복함으로써, 불쾌한 감정을 반복적으로 느끼게 됩니다. 따라서 어떤 자극에 어떤 평가를 내려서 그러한 감정을 느끼게 되있는지 파악해야 합니다. 그래야 그 자극에 덜 노출될 수 있고, 노출이 되더라도 그렇게 평가하지 않음으로써 불쾌한 감정을 경험하시 않을 수 있습니다.

생각을 바꾸면 세상이 달라진다는 말이 있습니다. 맞습니다. 생각을 바꾸면 감정이 달라지고, 감정이 달라지니 세상을 바라보는 태도 또한 달라집니다. 예를 들어, 지하철을 타고 가는데 누군가 어깨를 툭 치고 지나갔다고 가정해 봅시다. 그 사람이 일부러 치고 갔다는 생각이 들었다면 화가 날 것입니다. 반면 '사람들이 너무 많아 그랬겠지'라고 생각하면 별 감정이 들지 않습니다.

이처럼 긍정적인 방향으로 생각을 바꾼다면, 합리적이고 대안적으로 생각한다면, 불쾌한 감정은 완화되고 좀 더 나은 감정을 느낄 수 있습니다.

감정의 원인을 이해하고 대안적으로 생각하는 것은 감정을 궁극적으로 조절하는 데 반드시 필요한 방법입니다.

상황을 그대로 받아들이기

민지는 시험을 치르고 나서 혼자 채점을 해보았습니다. 며칠 뒤 점수가 나왔는데 민지가 채점한 점수와 큰 차이가 났습니다. 확인해 보니 시험지에는 맞는 답을 체크해 놓고 OMR 카드에는 다른 답을 썼던 것입니다. 민지는 허탈했습니다. 시험을 위해 열심히 노력했는데, 한 순간의 실수로 원하는 점수를 얻지 못해 속상했습니다. 그러나 이내 이런 생각이 들었습니다. '시험은 이미 끝났고 점수도 나왔어. OMR 카드도 확인해 본 결과 명백히 내 실수였어.' 이미 일어나 버린 일, 어쩔 수 없는 일이라는 생각에 민지는 이 상

황을 받아들이기로 했습니다. 그러자 마음이 한결 편해졌습니다.

우리는 왜 불쾌한 감정을 느끼는 걸까요? 그 이유를 한 마디로 답해야 한다면, 저는 이렇게 말하고 싶습니다. 받아들일 수 없기 때문이라고요. 내 자신에게 일어난 일을 받아들이지 못해서, 부정하기 때문에 우리는 불쾌해지는 것입니다.

내게 그런 일이 일어나면 안 되는데, 일어났기 때문에 당황스럽고 안절부절못합니다. 그 사람은 이만큼 나를 배려하고 관심을 주어야 하는데, 그러지 않았기 때문에 서운하고 못마땅하고 싫어집니다. 저렇게 하면 안 되는데, 했기 때문에 화가 납니다. 나를 좋아해야 하는데, 그렇지 않기 때문에 슬퍼집니다. 잘해야 하는데, 그러지 못할까 봐 불안합니다. 이 정도는 되어야 하는데, 그에 미치지 못하기 때문에 실망스럽습니다.

반면 받아들이면 어떻게 될까요? '그래, 그럴 수도 있지' '저렇게 행동할 수도 있지' 하고 생각하면 마음이 누그러지고 편안해집니다. 이처럼 내게 일어난 일이나 상황을 수용하는 것은 불쾌한 감정을 조절하는 데 가장 즉각적인 효과가 있는 방법입니다.

그러나 우리에게 일어난 일을 그대로 수용하기란 결코 쉽지 않습니다. 그래서 수많은 감정조절 방법들이 있는 것이고, 다양한 접근 방법들이 있는 것이지요. 어떻게 보면 이 수많은 감정조절 방법들은 바로 수용할 수가 없어서, 받아들일 수가 없어서 필요한 것입

니다. 다양한 방법들을 통해 감정을 조절하다 보면, 점차 자신이
처한 상황과 감정을 받아들일 수 있는 단계에 이르게 되거든요.

감정을 그대로
받아들이기

근영이는 혼자 집에 있었습니다. 그날은 벼락과 돌풍을 동반한 많
은 비가 내리는 날이었습니다. 창문에 부딪히는 비바람 소리가 유
난히 크게 느껴졌습니다. 설상가상으로 천둥소리도 점점 가까워
지고 있었습니다. 근영이는 몇 년 전 벼락이 쳐서 동네의 무선전
화기들이 전부 고장 났던 일과 근영이의 컴퓨터 파워가 나갔던 일
이 떠올라 걱정이 되었습니다. '아까 컴퓨터 코드는 빼놨는데 괜
찮겠지?'

집 안에 있는 모든 전기 코드를 뽑아놓은 터라, 정적이 흘렀고
불안감은 더욱 증폭되었습니다. 그렇게 잔뜩 긴장하고 있는데, 문
득 '내가 천둥과 비바람 소리에 겁을 먹고 있구나!' 하는 생각이
들었습니다. 세찬 비바람이 몰아치고 천둥 번개가 친다면 누구라
도 겁이 나는 게 당연하다는 생각도 들었습니다. 그리고 그 두려
움과 공포를 그냥 느껴보기로 했습니다.

'내가 지금 비바람고 천둥 소리에 겁이 나서 불안하구나!'라고

마음을 알아주며 그대로 불안감을 느끼다 보니, 조금씩 마음이 가라앉았습니다. 그렇게 불안감이 수그러들자, 이번엔 '코드를 다 빼놓아서 컴퓨터나 전화기가 고장 날 일은 없어'라는 현실적인 생각을 하게 되었고, 마음이 더욱 안정되었습니다.

'인지적으로 수용하기'가 처한 상황을 그대로 받아들이는 것이라면 '감정 수용하기'는 감정을 있는 그대로 느끼고 받아들이는 것입니다.

불안하면 안 된다고 생각하면 더 불안해지지 않나요? 슬픈데 슬프지 않으려고 '난 괜찮아'라며 묻어두려고만 하면 어떤가요? 그런데 그 순간 '그래, 슬프구나!' 하고 내 감정을 마주하며 그대로 느끼면, 실컷 울고 나면 슬픔은 이내 가라앉습니다. '어쩌겠어? 가버린 사람을. 그래, 무언가 해보자.' 또 다른 희망과 동기가 생기기도 합니다.

체험적 심리치료의 선두주자였던 그린버그는 말했습니다. "두려움을 없애는 유일한 방법은 두려움을 느끼는 것이다."

강박장애와 사회공포증, 공황장애의 공통점은 무엇일까요? 바로 불안이라는 감정이 핵심인 불안징애라는 점입니다. 불안장애를 지닌 분들은 불안하고 두려워서 회피합니다. 공중화장실에 가면 병균에 전염될까 봐 밖에 나가면 화장실을 가지 않습니다. 실수하면 비웃음을 당하고 끔찍한 일이 일어날 것 같아 다른 사람들과 함께 있는 상황을 피합니다.

불안장애의 핵심은, 이 회피가 오히려 두려워하는 대상이나 상황에 대해 더욱 불편감을 느끼게 하고 그로 인한 불안을 증폭시킨다는 겁니다. 자꾸 회피하다 보니 더욱 불안해지는 것이지요. 반대로 불안을 마주하고 느끼다 보면 차츰 불안한 감정이 감소하는 것을 체험할 수 있습니다.

제가 만났던 한 강박장애 환자는 당시 20대 후반의 남성이었습니다. 초등학교 3학년 때 시작된 강박증상은 그 대상도 다양해지고 정도도 심해져서 생활이 불가능할 정도였습니다. 그러나 치료 의지만은 누구보다 강한 분이었습니다. 치료를 시작하면서 저는 불안에 대해 설명했습니다. 그는 저를 믿고 제 안내대로 불안이 느껴질 때 회피하기 위한 어떤 행동도 하지 않으면서 불안을 그대로 느껴보기로 했습니다. 그리고 5분마다 얼마나 불안한지를 평가해 기록하였습니다.

상담을 마치고 돌아가면서 그는 바로 실행에 옮겼습니다. 한 주 뒤에 그는 여러 장의 종이를 보여주었습니다. 첫 시도에서는 95에서 시작했던 불안의 정도가 5분 후에는 90, 10분 후에는 85, 40분 후에는 30까지 떨어져 있었습니다. 이렇게 불안이 느껴질 때마다 반복했더니 불안 수준이 30으로 떨어지는 시간이 처음 40분에서 30분, 20분, 10분으로 점차 단축되었습니다.

그는 이제 깨달았습니다. 불안하지 않으려고 했던 회피 행동들

이 자신을 더욱 불안하게 만들었다는 것을, 불안은 느끼다 보면 자연스럽게 감소하고 사라진다는 것을 말입니다.

3개월쯤 지났을 때 그토록 오랫동안 그를 괴롭혀온 강박증상은 30퍼센트 정도로 급감했습니다. 이후 점진적으로 약물치료를 중단했고, 계속 상담을 받으며 정상적인 생활로 복귀할 수 있었습니다. 지금 그는 어엿한 직장인으로, 괜찮은 남성으로 사회생활을 잘하고 있습니다.

두려움을 마주하면 두려움은 사라집니다. 당신이 두려워서 가지 않았던 저 컴컴한 터널 뒤에는 전혀 생각지 못했던 찬란한 빛이 비치고 있을지도 모르니까요.

일단 행동하기

준형이는 영어시험 점수가 터무니없이 낮게 나와 무척 실망했습니다. 암담했고, 용돈을 지원해 주며 아들 잘되기만 바라시는 시골 부모님께도 죄송했습니다.

다음 달이 마지막 기회인데 걱정과 부담감이 이만저만이 아니었습니다. 그러나 아무것도 하기 싫었습니다. 그저 영화를 보거나 친구들과 어울리면서 시간을 보냈습니다. 그런데 문득 이대로는 안 된다는 생각이 들었습니다. 이건 시간 낭비, 에너지 낭비였습니다. 할 수 있는 것부터 하자고 마음먹고, 지난 시험을 보기 전에 외우지 못했던 단어들을 체크하고 외우기 시작했습니다. 꾸준히 공부 시간을 늘려가자는 마음으로 일단 책상에 앉아 공부했습니다. 그러자 무기력하고 불안한 감정이 수그러들기 시작했습니다.

불쾌한 감정을 유발한 상황을 개선할 수 있는 구체적인 행동을 취함으로써 우리는 감정을 조절할 수 있습니다. 문제를 직접적으로 다루는 이 방법은 매우 효과적인 감정조절 방법입니다.

며칠 뒤 시험인데 불안하다면, 주어진 시간 안에 효과적으로 공부하는 계획을 세워 실천합니다. 친구에게 사과를 못해 계속 불편하다면, 친구를 만나 사과하면 됩니다. 과제가 너무 방대해서 부담스럽다면, 일단 한 글자라도 쓰면서 시작하는 것입니다. 취직을 못해 걱정이라면, 일자리를 찾고 지원서를 내보는 겁니다.

그런데 생각 하기는 쉽지만, 행동 하기는 쉽지 않습니다. 그러다 보니 생각만 하고 행동으로 옮기지 않는 이들이 많습니다. 생각은 어디까지나 생각일 뿐입니다. 생각이 행동으로 실행되었을 때만, 현실에 영향을 미쳐 무언가 변화를 초래할 수 있습니다.

불안해서, 막막해서, 부담스러워서 아무것도 못하고 있다면 당신에게 필요한 것은 직접 하는 것뿐입니다. 그냥 하십시오. 모든 것은 단번에 이루어지지 않습니다. 하나하나 쌓다 보니 어느 순간 만리장성이 되었고 베르사유 궁전이 완성된 것입니다.

불쾌한 감정에서
잠시 벗어나라

지현 씨의 주문,
이 또한 지나가리라!

지현 씨는 30대 주부입니다. 시어머니는 편찮으시고 시아버지가 아내를 돌보시는데, 한 번씩 시어머니를 2~3일 모시고 있으라고 통보하실 때가 있습니다. 시아버지가 힘이 들어 그러시는 건 이해하지만, 날짜 정도는 사전에 물어봐주셨으면 합니다. 지현 씨도 공부와 관련된 일정이 있고, 아이 학교 봉사일도 있어서 한가하지만은 않기 때문입니다.

시어머니를 혼자 남겨두고 집을 비울 수 없기 때문에 사전에 날짜를 조정하는 것은 정말 필요한 일입니다. 하지만 무조건 당신

뜻에 따라야 하는 시아버지의 성격을 알기 때문에 통보를 그냥 받아들이게 됩니다. 생각하면 할수록 답은 안 나오고 머리만 복잡해집니다. 불편한 감정만 더 커지기 때문에 시댁에 관련해서는 최대한 생각을 하지 않고 몸으로 고생하는 편입니다.

"이 또한 지나가리라." 지현 씨는 주문을 외며 일을 합니다. 반복해서 되뇌니 정말 지나갈 것 같아서 불편한 마음이 조금은 덜어집니다.

'능동적으로 생각하기'가 감정을 유발한 자극이나 상황에 접근해 생각을 변화시키는 방법이라면, '수동적으로 생각하기'는 감정을 유발한 자극이나 상황에 접근하지 않은 채 생각에 접근해서 감정을 변화시키는 방법입니다.

불쾌한 감정은 고통스럽습니다. 고통을 느끼기 원하는 사람은 거의 없기에, 사람들은 그 고통으로부터 벗어나기 위해 도망갑니다. 그래서 불쾌한 감정을 느낄 때 가장 자주 사용하는 방법이 불쾌한 감정과 관련된 생각으로부터 회피하는 것입니다.

불쾌한 생각을 하지 않으면 불쾌한 감정 또한 느껴지지 않을 수 있습니다. 지현 씨처럼 불쾌한 감정을 유발하는 부정적인 생각을 하지 않으려고 하거나, 내일 제출해야 할 보고서라든지 처리할 일들과 같이 관련 없는 다른 일을 생각할 수 있습니다. 또는 휴가 계획처럼 즐거운 생각을 함으로써 피할 수 있습니다. 위안이 되는 말을 되뇌며 감정을 나아지게 할 수도 있습니다. "괜찮을 거야. 다

잘 될 거야."

그런데 이런 방법들은 일시적인 효과가 있을 뿐입니다. 따라서 추후에 반드시 궁극적으로 감정을 조절하는 방법들을 사용할 필요가 있다는 것, 꼭 기억하시기 바랍니다.

즐거운 일 떠올리기

지효는 오랜만에 외국에서 돌아온 친구 게리를 만나기 위해 약속 장소로 향했습니다. 게리는 보이지 않았습니다. 마침 게리의 전화가 왔고, 약속 장소를 찾기 못하고 있다고 했습니다. 지효는 게리가 자신을 잘 볼 수 있도록 큰 도로까지 나갔지만, 아무리 주변을 둘러봐도 게리의 모습은 보이지 않았습니다. 알고 보니 게리는 약속 장소를 착각해서 다른 곳에 가 있었습니다.

추운 겨울 날 밖에서 한참을 헤맨 탓에 지효는 온 몸이 얼어버렸고 게리에게 슬슬 화가 나기 시작했습니다. 그냥 집으로 돌아갈까 하는 생각이 들었습니다. 그러나 오랜만에 귀국한 친구를 사소한 실수 때문에 만나지 않고 그냥 가버리는 것은 지나친 일이라는 생각이 들었습니다. 그래서 지효는 게리가 있는 곳으로 이동하기로 했고, 가면서 게리와 즐겁게 어울렸던 때를 떠올렸습니다. 그랬더니 마음이 한결 편안하고 즐거워지는 걸 느낄 수 있었습니다. 게리가 얼른 보고 싶어졌습니다.

어릴 적에 따분하고 지루할 때면 여러 가지 공상을 했던 기억이 납니다. 당신도 그런 기억이 있지 않나요? 머릿속에 떠올린 장면을 따라가다 보면, 감정 또한 그에 따라 변화합니다. 그러니 머릿속에 즐겁고 행복한 장면을 떠올리면 기분 또한 나아질 수 있습니다.

불쾌한 감정을 유발한 자극이나 상황으로부터 주의를 돌려, 마음을 편안하게 해주는 산이나 바다를 떠올리거나 어릴 적 즐거웠던 장소나 장면을 떠올려 보세요. 마음이 한결 즐겁고 편안해질 것입니다.

기분을 전환하는
다른 일 하기

요즘 재중 씨는 직장에서의 과도한 업무와 거의 매일 이어지는 회식으로 몸과 마음이 모두 소진되어 버린 느낌입니다. 이대로는 도저히 안 되겠다는 생각에 이번 주 토요일은 회사에 나가지 않고 집에서 쉬기로 했습니다. 재중 씨는 코미디 프로그램을 잔뜩 몰아 보며 개그맨들의 유행어를 따라 하기도 하고, 어이없는 행동을 보면서 실컷 웃기도 했습니다. 모처럼 웃고 나니 재중 씨는 기분이

유쾌해졌습니다.

　기분을 전환할 수 있는 방법은 다양합니다. 좋아하는 드라마를 보기도 하고 쇼핑을 하기도 합니다. 어떤 분들은 기분 나쁜 일이 있을 때 갑자기 대청소를 시작합니다. 커튼을 뜯어서 빨고, 식기들을 죄다 꺼내 설거지를 합니다. 뜨개질을 하는 분도 있습니다. 그러나 이 활동이 끝나고 나면, 잊고 있던 불쾌한 일들이 다시 또 생각납니다. 그럼 또 불쾌해지겠지요. 그러니 기분을 전환하는 활동은 어디까지나 일시적으로 감정을 완화시킬 수 있는 방법입니다.

주변의 지지를
얻어라

어느 날 미숙 씨는 딸의 친구 엄마로부터 전화를 받았습니다. 아이가 잠옷 파티를 하고 싶어 하니 도와달라는 용건이었습니다. 미숙 씨는 처음엔 망설이다가 서로 한 번씩 해주기로 하고 승낙했습니다. 그런데 그 아이의 잠옷 파티를 하고 나자, 다음 약속은 잊었는지 연락이 끊겼습니다. 미숙 씨는 속상했지만 그냥 넘어가기로 했습니다.

그런데 한 번은 딸의 생일 파티를 계획한 적도 없는데 생일 파

티가 있다고 그 엄마가 소문을 내는 바람에 어쩔 수 없이 피자 파티를 했습니다. 이런저런 일을 겪으며 미숙 씨는 그 엄마에게 실망했고, 속상한 마음을 친구에게 털어놓았습니다. 친구는 충분히 이해한다며 위로해 주었습니다. 그렇게 속으로 눌러놓았던 얘기를 꺼내 표현하고 위로를 받으니 한결 누그러지는 기분이 들었습니다. 그 엄마에 대한 안 좋은 감정이 풀리는 것 같았습니다. 친구와 얘기를 하다 보니 한편으로는 그 엄마가 불쌍하다는 생각이 들기도 했습니다.

우리는 누군가에게 내가 느낀 감정을 표현하는 것만으로도 마음이 편안해집니다. 그리고 그 사람이 내 감정을 공감해 주면 가슴이 찡해지고 울컥하며 감동을 느끼기도 합니다. 뭔가 해소되는 느낌을 받기도 하고요.

그런데 "나 있잖아. 이런 일을 겪었어"라고 열심히 얘기하는데 상대방이 별다른 반응을 보이지 않으면 어떤가요? 얘기를 해놓고서도 여전히 찝찝하고 답답한 느낌이 듭니다. 그래서 어떻게 하나요? 또 다른 누군가를 찾아갑니다. 그 사람에게도 똑같이 구구절절 얘기하지요. 그런데도 공감을 받지 못하면, 또 다른 사람에게 마치 처음 그 얘기를 하듯이 되풀이해 얘기합니다. 그러나가 결국 상대가 "그랬어? 너 정말 힘들었겠다"라고 공감해 주면, 그제야 뭔가 싸악 내려가는 듯한 느낌을 받습니다. 이렇게 이해와 공감을 받을 때에야, 불쾌한 감정은 해소되고 마음은 진정됩니다.

주변 사람에게
도움 청하기

혜림이는 대학교 졸업반이라 이런저런 걱정이 많습니다. 남자친구와 결혼도 계획하고 있고, 대학원에 진학하고 싶은 마음도 있어 생각할 것이 많습니다. 그런데 친한 친구들은 혜림이와 전공이 전혀 달라 의논할 수도 없고, 함께 학교를 다니는 친구들은 나이 차이가 있어서 비슷한 상황에 처한 사람을 찾기가 쉽지 않습니다.

그러던 중 알고 지내던 선배가 대학원에 진학했다는 소식을 듣고 그 선배를 찾아갔습니다. 혜림이 역시 선배가 다니는 대학원에 진학하고 싶은 마음이 있었습니다. 그래서 그 대학원에 진학하고 싶은데 방법을 몰라 고민하던 중이라고 말하니, 여러 가지 조언을 해주었습니다. 선배도 한 학기 다닌 것이 전부라 잘 알지는 못한다고 하지만, 현재 공부하는 내용과 교수님들의 지도 방식 등에 대해 들으니 막연하게만 느껴졌던 대학원 진학이 한층 수월하게 생각되어 마음이 편안해졌습니다.

혼자 낯선 상황에 처하거나 어려운 일을 겪고 있을 때 주변 사람들에게 툭 터놓고 얘기를 하다 보면, 전혀 생각지 못한 좋은 아이디어와 해결 방법이 떠오르기도 합니다.

특히 이 방법은 무기력하거나 우울해하는 분들에게 효과적입니다. 다른 사람에게 조언이나 도움을 구하는 과정에서 상호작용

을 하다 보면, 좀 더 친밀해지는 계기를 마련할 수 있기 때문입니다. 혼자라는 느낌을 덜 받고, 덜 외롭지요. 유대감을 느끼며 의미있는 관계들을 만들어갈 수 있을 것입니다.

잘 생각해 보세요. 누군가 당신에게 조언이나 도움을 구하면 어떤가요? 그 사람이 조금 달라 보이지 않나요? 더 잘해주고 싶고 마음이 가지요. 다른 사람들과 달리 뭔가 더 나눈 것 같은 느낌이 듭니다. 내게 조언이나 도움을 구하는 자체가 나를 인정해주는 것으로 지각되기 때문입니다.

사람들과 친해지고 싶다면, 사소한 도움이나 조언을 청하는 데서부터 시작해 보세요. 그리고 당신의 고민을 진지하게 나눠 보세요. 이를 계기로 조금씩 가까워질 수 있을 것입니다.

편한 사람과
함께 있기

현경이는 남자친구와의 갈등을 비롯해 여러 가지 집안 문제로 우울한 나날을 보내고 있었습니다. 지장에서 일이 손에 잡히지 않았고, 맛있는 음식을 먹어도 맛을 모를 만큼 몸과 마음이 모두 지쳐 있었습니다. 누군가 살짝 건드리기라도 하면 툭 하고 눈물이 떨어질 것만 같았습니다. 이대로 있다가는 우울의 늪에서 헤어 나오지 못할 것 같았습니다. 그래서 함께 있으면 즐겁고 편한 친구들에게 전화를 걸어 만나자고 했습니다. 친구들과 함께 있으니 모든 게 편했습니다. 안정감이 느껴졌습니다. 배부르게 음식을 먹고 친구들과 소소한 얘기들을 끊임없이 늘어놓고 나니, 움츠렸던 마음이 조금씩 풀렸습니다.

마치 진통제처럼, 함께 있는 것만으로 안정감을 느끼고 기분이 좋아지는 사람이 있습니다. 당신에게 그런 사람은 누구입니까? 오랜 죽마고우일 수도, 연인이나 가족일 수도 있겠지요. 힘들고 지칠 때 그 사람과 함께해 보세요.

직장에서 지쳐 돌아온 날 당신의 엄마나 아빠, 아내나 남편, 아이들을 꼭 안아 보세요. 그저 안고 있는 것만으로도 안정감을 느낄 수 있습니다. 친밀한 사람과의 만남은 슬픔·불안·분노 등 불쾌한 감정을 잠시 한쪽으로 밀어내는 데 효과가 있습니다.

궁극적인 감정조절을 위해
반드시 필요한 두 가지

감정조절은
여러 단계를 거치는 과정

지금까지 우리는 감정을 조절하는 수많은 방법들이 있고, 그것은 크게 인지적 방법, 행동적 방법, 생리적 방법, 체험적 방법으로 구분할 수 있다는 것을 배웠습니다.

그리고 감정을 악화시키는 부적응적인 방법들과 감정조절에 도움이 되는 적응적인 방법들이 있음을 알았습니다. 적응적인 방법은 다시 감정을 유발한 자극이나 상황에 접근하는 접근적 방법과 주의를 분산시키는 방법, 지지를 추구하는 방법으로 나눌 수 있습니다.

또한 자가 진단 테스트를 통해 당신이 평소 감정을 조절하는 패턴도 확인할 수 있었습니다. 그리고 감정조절 방법 프로파일을 해석하기 위해 주요한 감정조절 방법들에 대해 하나씩 살펴보았습니다.

그렇다면 이제 감정을 어떻게 효과적으로 조절할지 알아볼까요? 우리가 알고 있는 이 방법들을 가지고 어떻게 감정을 조절할 수 있을까요?

그런데 무작정 감정조절 방법을 시도한다고 해서 감정이 조절되는 것은 아닙니다. 지금 느끼고 있는 감정의 종류와 상태 그리고 처해 있는 상황을 고려해야 합니다.

잘 생각해 보세요. 평소 감정조절이 한 가지 방법으로 해결되던가요? 그런 경우는 거의 없습니다. 한 가지 방법을 단편적으로 사용해서는 해결이 되지 않습니다. 매순간 상황에 따라 감정도 변화합니다. 그럴 때마다 필요한 방법을 다양하게 동원해야 점차 감정이 조절됩니다. 즉 감정조절이란 여러 단계를 거치는 매우 복합적인 과정입니다.

또한 감정을 조절하는 방법은 매우 다양합니다. 하지만 그 모두가 감정을 궁극적으로 조절하는 데 기여하는 것은 아닙니다. 감정을 어떻게 조절하느냐고 물어보면, 사람들은 다음과 같이 대답하곤 합니다. "스트레스 받으면 술을 마셔요." "그냥 자요." "신나게 게임을 합니다." "좋게 생각하려 노력하는 편이에요." "노래방에

가서 최신곡을 쉬지 않고 불러요.” “그냥 잊어버리려 해요.” “운동이나 산책을 합니다.”

과연 이러한 방법들을 사용하면 감정이 궁극적으로 해소가 될까요? 그렇지 않습니다. 당신이 사용하고 있는 대부분의 방법은 궁극적인 감정조절에 도움이 되지 않는 경우가 더 많습니다.

그렇다면, 궁극적인 감정조절을 위해 반드시 필요한 방법은 무엇일까요? 바로 접근적인 체험적 방법과 접근적인 인지적 방법입니다.

감정을 느끼고
표현하여 해소하라

감정은 어떻게 해야 완전히 해소되고 사라질까요? 감정의 속성을 기억하시죠? 일단 발생한 감정은 충분히 느끼고 표현되어야 해소되어 사라집니다. 접근적인 체험적 방법은 스트레스로 생겨난 불쾌한 감정에 접근해서 그 감정을 그대로 알아차리고 느끼고 표현하여 해소하는 방법입니다. 단, 안전한 상황에서 안전한 방식으로 해야 합니다.

지수 씨는 워킹맘 10년 차입니다. 매일 아침 아이들과 전쟁을 치르며 출근합니다. 야근을 할 수 없으니 직장에서는 시간 내에 일을 마무리하느라 동료들과 어울려 수다 떨 시간조차 아깝습니다. 식사도 거의 도시락으로 금방 마치고 점심시간을 활용해야 합니다.

그렇게 정신없이 일을 마치고 퇴근해서 집에 오면, 또 새로운 일의 시작입니다. 아이들을 학교와 유치원에서 데려오면 저녁식사 준비를 하고, 아이들 밥 먹이고 씻기고 나면 아홉 시이지요.

그런데 오늘은 직장에서 갑작스런 회식이 있는 날입니다. 회식이 있을 때마다 지수 씨는 곤혹스럽습니다. 남편에게 전화를 했더니 남편도 오늘 중요한 회식이 있어서 아이들을 데려올 수가 없다고 합니다. 친정이나 시댁이 가까우면 부모님들께 부탁을 해볼 수도 있을 텐데, 그마저도 어렵습니다. 하는 수 없이 여기저기 주변 사람들에게 전화를 겁니다. 걸 때마다 미안하고 자신이 초라해지는 것만 같습니다. 오늘따라 모두가 시간이 안 된다고 합니다.

결국 지수 씨는 회식에 참석할 수 없다고 얘기했습니다. 동료들은 탐탁지 않은 눈빛이고 윗분들에게도 너무 눈치가 보입니다. 무거운 마음으로 아이들을 데리고 집에 와서 식사 준비를 하는데, 싸우고 우는 소리가 들립니다. 순간 화가 치밀어 오릅니다. 아이들에게 가서 마구 소리를 지르고 심한 말을 퍼붓습니다. "너희들 도대체 커서 뭐가 될래!"

실컷 아이들에게 소리를 지르고 나니 뭔가 해소되는 것 같습니

다. 그런데 뒤돌아서니 아이들에게 미안한 마음이 듭니다. 그렇게 다시 저녁 준비를 하는데, 얼마 후에 큰아이가 지수 씨의 심기를 건드립니다. 하지 말라는 행동을 고집스레 하고 있습니다. 다시 화가 치밀어 오릅니다.

지수 씨는 직장에서 받은 스트레스를 집에 와 아이들에게 풀며 해소했습니다. 그 순간에는 감정을 분출해서 해소되는 느낌을 받습니다. 그러나 그 후에는 아이들에게 죄책감이 들고, 아이들은 또 엄마가 진정이 된 후 다시 화를 돋우어 보복합니다.

많은 사람들이 쌓인 감정을 해소할 때 주변 사람들에게 신경질이나 화를 냄으로써 해소하는 경향이 있습니다. 또는 상대방에게 직접 화풀이를 합니다. "네가 나를 화나게 했잖아"라면서 말입니다. 그러나 이 모든 방법은 결국 주변 사람들에게 억울함과 부당함을 유발해서 보복이 따르게 마련입니다. 또한 스스로도 찝찝합니다. 그래서 결국 또 다른 갈등이 유발되고 스트레스가 증폭되기도 합니다.

그렇다면 이런 부작용 없이 어떻게 감정을 효과적으로 해수할 수 있을까요? 안전한 상황에서 안전한 방식으로, 불쾌한 감정을 느끼고 표현하고 해소해야 합니다. 이에 대해서는 6장에서 자세히 살펴보겠습니다.

감정의 원인을 파악하여
대안적인 생각으로 바꿔라

불쾌한 감정을 유발한 생각에 접근해서 감정을 다루는 방법입니다. 즉 불쾌한 감정의 원인을 파악하고, 대안적으로 생각하는 것입니다. 우리는 앞에서 감정은 어떤 자극이나 상황이 자신의 관심사나 목표와 관련된 것으로 평가될 때 발생한다는 사실을 배웠습니다. 즉 감정이 유발된 것은 자극에 대해 어떤 생각을 했기 때문입니다.

만약 그 생각, 즉 감정의 원인을 파악하지 않고 지나간다면, 우리는 다시 또 그 자극들에 노출될 테고 동일한 방식으로 반응함으로써 불쾌한 감정을 반복해서 느끼게 됩니다. 따라서 감정을 유발한 원인이 무엇인지 알아야 다음에 또 그 자극을 마주하지 않을 수 있습니다. 또한 노출되었더라도 동일한 방식으로 반응하지 않음으로써 불쾌한 감정을 다시 느끼지 않을 수 있습니다.

생각을 바꾸면 감정도 달라집니다. 반쯤 채워진 유리컵을 보면서 '반밖에 없네'라고 생각하면 실망스럽지만 '반이나 있네'라고 생각하면 기쁩니다. '반밖에 없네'라는 생각으로 실망하고 있었다면 '반이나 있네'라는 생각을 찾아내어 기쁜 감정을 느낄 수 있습니다. 이처럼 대안적인 생각을 찾아서 기존의 부정적인 생각을 대체하면 감정을 긍정적으로 변화시킬 수 있습니다.

내 감정을 효과적으로
조절하는 4단계

1단계 :
알아차리기

감정을 효과적으로 조절하는 과정은 4단계로 요약할 수 있습니다. 모든 감정조절의 시작은 알아차리는 것입니다. 자신이 어떤 감정을 느끼고 있는지, 얼마나 강렬하게 느끼고 있는지, 어떤 상황에 처해 있는지를 먼저 알아야 합니다.

그런 다음 궁극적인 감정조절을 위해서는 접근적인 체험적 방법을 사용해서 감정을 해소해야 합니다. 그 뒤에는 감정조절의 마지막 단계인 접근적인 인지적 방법을 사용해서, 자신이 느낀 감정의 원인과 그 과정을 이해하고 대안적으로 생각하는 작업을 해야 합니다. 단, 접근적인 체험적 방법을 사용할 수 있는 상황은 항상 오지 않습니다. 그럴 때는 주의를 분산시키는 방법을 사용해서 일시적으로 불쾌한 감정을 완화시켜야 합니다.

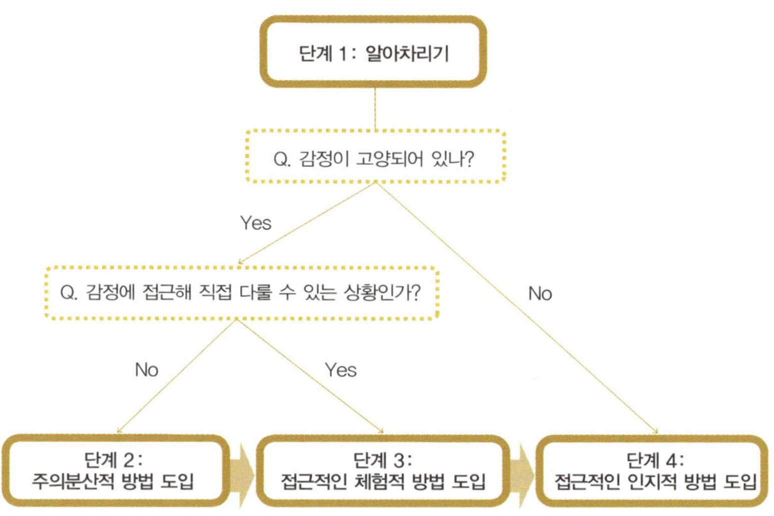

얼마나 강렬한 감정인가

승아 씨는 사회 초년생입니다. 입사 때부터 상사로 인해 스트레스를 받았지만 1년의 시간을 참고 견뎠습니다. 승아 씨는 지금 다음과 같이 호소하고 있습니다.

"저는 인사노무팀에 있는데, 김 과장은 기본적으로 담당하는 업무의 흐름을 하나도 몰라요. 해도 너무할 정도예요. 제가 3개월 차였을 때 했던 말이 '승아 씨, 난 업무 잘 모르고 담당자는 승아

씨니까 알아서 해. 난 책임 없어'였어요.

최근에 다른 사원이 회사를 그만두자 했던 말은 '승아 씨, 앞으로 업무 넓게 할 생각 해'였습니다. '난 관련 없으니까 네가 혼자 알아서 해'라는 말이지요. 필수로 들어야 하는 교육에 인원 없다고 못 가게 하고, 자기는 은행이나 치과에 가는 등 개인적인 일을 보러 다닙니다. 저는 일이 너무 많아서 화장실도 못 가고 귀에서 불이 나게 전화받으며 업무를 처리하는데 말입니다.

그래도 일은 하라면 하겠는데, 김 과장의 행동이 못마땅해서 견딜 수가 없어요. 업무에 무관심하고 자기 일도 부하직원들에게 떠넘깁니다. 어떻게 그럴 수가 있어요? 창피하지도 않나요? 전화 응대나 문서 작업 같은 간단한 일들도 무조건 넘깁니다. 특히 제가 만만한지 제게 더 합니다. 그러면서도 제가 처리하는 일에 대놓고 못미덥다고 말하고, 다른 직원들도 있는 자리에서 저를 무시해요. 그럼 자기가 할 것이지. 정말 스트레스 받아서 직장을 그만둘까 매일매일 고민중이에요. 도대체 어떻게 해야 할까요?"

승아 씨는 김 과장 때문에 굉장히 화가 나 있습니다. 당신이라면 궁극적인 감정조절을 위해 다음 중 어떤 방법을 사용하겠습니까?

□ 감정의 원인을 이해하고 대안적으로 생각한다.

□ 감정을 느끼고 표현하여 해소한다.

먼저 현재 느끼고 있는 감정의 종류가 무엇인지에 따라 효과적인 방법이 달라집니다. 그 감정을 얼마나 강렬하게 느끼고 있느냐에 따라서도 달라집니다. 우리는 감정을 궁극적으로 조절하기 위해서는 접근적인 체험적 방법과 접근적인 인지적 방법 두 가지를 반드시 사용해야 한다는 것을 배웠습니다.

그런데 지금 승아 씨가 굉장히 화가 난 상태에서 남자친구에게 호소를 했다고 가정해 봅시다. 남자친구는 "잘 생각해 봐. 이건 이렇게 해서 그렇게 된 거잖아. 그러니 이렇게 해보는 게 어때?"라고 말합니다. 과연 어떤 마음이 들까요? 남자친구 말이 귀에 들어오지도 않고 화만 더 납니다. "넌 지금 꼭 그렇게 얘기를 해야겠어? 열 받아 죽겠는데"라고 대꾸할지도 모릅니다.

승아 씨가 결코 감정적이어서도, 이성적이지 않아서도 아닙니다. 감정이 강렬한 상태에서는 생각을 담당하는 뇌 부위가 억제되어 사고 활동이 원활하게 이뤄지지 않기 때문입니다.

감정은 생존을 위해 고안된 체계로, 우리로 하여금 빠르게 반응토록 합니다. 즉 감정이 강렬할 경우 뇌는 이를 위기상황으로 받아들여 일단 사고 체계를 억누르고 감정에 즉각적으로 반응하게 합니다. 따라서 감정이 강렬할 때는 접근적인 인지적 방법이 효과가 없습니다.

따라서 인지적 방법이 효과가 있기 위해서는 일단 강렬한 감정을 낮춰줘야 합니다. 그렇다면 어떻게요? 접근적인 체험적 방법

을 사용해서 감정을 느끼고 표현해서 해소해야 합니다. 즉 감정이 어느 정도 완화되었을 때에야, 접근적인 인지적 방법은 제대로 효과를 발휘합니다.

만약 감정이 고양되어 있는 상태라면, 3단계인 접근적인 체험적 방법을 사용해서 감정을 가라앉혀야 합니다. 만약 감정이 고양되어 있지 않다면, 4단계인 접근적인 인지적 방법으로 바로 갈 수 있습니다.

감정을 느끼고 표현하기에 안전한 상황인가

승아 씨의 경우 화가 치밀어 오르는데, 다른 직원들과 함께 사무실에 있다면 접근적인 체험적 방법을 사용할 수 있을까요? 회의를 하고 있는데, 강의를 듣고 있는데, 감정을 그대로 느끼고 표현하고 해소하는 접근적인 체험적 방법을 사용할 수 있까요? 그랬다가는 난리가 나겠지요.

그렇다고 고양되어 있는 감정을 그냥 내버려둔다면 어떻게 될까요? 강렬한 감정일수록 표출되고자 하는 충동이 있기 때문에, 갑작스레 폭발하거나 엉뚱한 짓을 하게 될지 모릅니다.

예를 들어, 회의실에서 갑자기 울어버린다거나 동료의 사소한 말에 화를 버럭 내어 분위기를 싸하게 하거나 책상 위로 서류를 집어던지거나 쾅 소리 나게 문을 닫고 나갈지 모릅니다.

또한 그 감정의 분출을 막는 데 많은 에너지기 들이가기 때문에 수행 능력이 떨어집니다. 박 대리는 이렇게 말할지 모릅니다. "승아 씨. 왜 그렇게 집중을 못해? 내 말을 듣고는 있는 건가?"

그렇다면 어떻게 해야 할까요? 바로 주의를 분산시키는 방법을 사용해서 일시적으로 강렬한 감정을 낮출 수 있습니다.

즉 감정이 고양되어 있다면, 먼저 안전한 상황인지 여부를 반드시 확인해야 합니다. 만약 안전한 상황이라면, 3단계인 접근적인 체험적 방법을 사용해 감정을 가라앉힐 수 있습니다. 그러나 안전한 상황이 아니라면, 2단계인 주의분산적 방법을 사용해 감정을 일시적으로 완화시켜야 합니다.

2단계 :
주의 분산적 방법

감정은 어떤 자극에 대해 어떤 생각을 하기 때문에 발생한다고 했던 것 기억하시지요? 그렇다면 그 자극과 관련된 생각을 하지 않으면 어떨까요? 그 감정을 느끼지 않겠지요.

이 원리에 따라 주의를 다른 곳으로 돌려 불쾌한 감정을 완화시킬 수 있습니다. 당신이 알고 있는 대부분의 감정조절법이 대개 이런 주의분산적 방법입니다.

주의분산적 방법을 사용해서 일시적으로 감정을 완화시킨 다

음, 감정을 다룰 수 있는 상황이 되면 3단계인 접근적인 체험적 방법을 사용해서 감정을 해소해 주어야 합니다. 그렇지 않으면 그 감정은 감정귀신이 될 것입니다.

3단계 :
접근적인 체험적 방법

3단계는 감정을 느끼고 표현해서 해소하는 접근적인 체험적 방법입니다. 일단 발생한 감정은 느끼고 표현해야 해소되어 사라진다는 감정의 속성에 접근한 방법이지요. 단, 부작용이 없으려면 안전한 상황에서 안전한 방식으로 해소해야 한다는 것 기억하시지요?

그런데 감정을 해소시켜 주었다면 반드시 4단계로 넘어가서 감정을 인지적으로 이해하는 작업을 해야 합니다. 왜 그런 감정을 느꼈고, 어떻게 그 감정을 해소했는지 모르면 '무슨 일이 일어났던 거야?' '꼭 화나고 미워하는 감정만 있는 건 아닌데' 같은 생각이 들어 당황스럽고 후회가 되기도 합니다.

따라서 감정을 표현하고 발산하는 것으로 끝내면 위험할 수 있습니다. 방송 같은 데서 보면, 시청자의 주목을 끌려고 하다 보니 감정을 굿이나 살풀이처럼 터뜨려 해소하는 것만 보여줍니다. 또는 그게 전부인 양 여기고 접근합니다. 이는 굉장히 위험하고 바람직하지 않습니다.

감정 해소 작업 이후 감정과 그 과정에 대해 깊이 이해하는 작업이 반드시 필요합니다.

4단계 :
접근적인 인지적 방법

감정조절의 마지막 단계는 감정의 원인과 그 과정을 이해하고, 대안적으로 생각함으로써 감정을 변화시키는 것입니다.

자, 그럼 승아 씨를 위해 감정조절 4단계를 어떻게 사용할 수 있는지 살펴볼까요?

다시 한 번 잊지 말아야 할 점은, 스트레스를 해소하는 통로와 상대에게 감정을 전달하는 통로를 동일시하지 말라는 것입니다. 또한 불쾌한 감정을 유발한 대상에게 직접 풀 수 없다고 해서, 불쾌한 감정을 해소할 수 없는 것이 아닙니다.

승아 씨는 김 과장에게 스트레스를 받을 때마다 다양한 방법으로 불쾌한 감정을 조절할 수 있습니다. 먼저 1단계. 자신에게 주의를 기울여, 어떤 감정 상태인지 알아차립니다. 화가 잔뜩 나 있다면 불쾌한 감정이 고양된 상태이기 때문에, 3단계인 접근적인 체

험적 방법을 사용해서 감정을 해소해야 합니다. 그러나 직장에서 안전한 상황을 찾기는 쉽지 않습니다.

이때 화난 감정을 해소할 수 없다고 그대로 내버려둔다면, 스트레스를 받은 상태로 몸은 긴장 상태에 있고 일에 집중하기 어려워집니다. 따라서 2단계인 주의를 분산시키는 방법으로 감정을 완화시켜야 합니다. 예를 들어, 위안이 되는 말을 반복해서 되뇌거나 복식호흡이나 긴장이완 훈련 같은 방법을 사용해 효과적으로 완화시킬 수 있습니다.

주의분산적 방법으로 일단 직장에서 업무와 사회적 관계에 부정적인 영향을 미치지 않도록 일을 마무리하고 퇴근한다면, 이제 불쾌한 감정을 해소할 수 있는 상황을 찾아야 합니다. 그렇지 않으면 화는 폭발해 버릴지도 모릅니다.

집에 돌아와 방으로 들어가서 안전한 상황을 만들 수도 있고, 친한 친구를 만나거나 노래방에 가는 등 자신에게 안전한 상황을 찾아갈 수도 있습니다. 그리고 직장에서 받았던 스트레스와 불쾌한 감정을 떠올리며 충분히 느끼고 표현하고 발산해야 합니다.

감정을 충분히 해소했다면 마지막 4단계인 접근적인 인지적 방법을 사용합니다. 자신이 왜 불쾌한 감정이 들었는지 원인을 찾아보고, 어떻게 감정을 해소했는지 과정을 이해합니다. 또한 달리 생각해 볼 수는 없는지 대안적인 생각을 찾아봄으로써 감정을 변화시킬 수 있습니다.

Part 2

감정조절 연습하기

5

불쾌한 감정에서
잠시 벗어나는 연습하기

아래의 방법은
스트레스를 받을 때
권유되는 감정조절 방법 중
어디에 속할까요?

☐ 접근적 방법

☐ 주의분산적 방법

☐ 지지추구적 방법

감정조절은
알아차리기부터

나 자신에게
주의를 기울여라

감정조절에서 가장 중요한 수단은 주의입니다. 우리는 매순간 무언가에 주의를 기울이고 있습니다. 눈앞에 있는 사람에게 주의를 기울이기도 하고, 읽어야 할 문서에 주의를 주기도 하고, 전날 있었던 사건을 떠올리며 주의를 주기도 합니다. 엉뚱한 이미지와 상상의 나래에 주의를 주기도 하고요. 주의를 어떻게 사용하느냐에 따라 우리의 감정은 달라질 수 있습니다.

불쾌한 감정을 느낄 때, 가장 먼저 해야 할 일은 내 자신에게 주의를 기울이는 것입니다. 다루고자 하는 대상이 있다면, 그 대상의 정체부터 파악하는 것이 가장 기본적인 전술입니다. 즉 당신이 느끼는 불쾌한 감정의 정체를 밝혀야, 어떻게 다룰지 전략을 짤 수 있습니다.

당신에게 일어나고 있는 신체 감각의 변화·느낌·감정·욕구·떠오르는 생각·행동에 주의를 기울이십시오. 앞서 이야기했던 것처럼 감정은 크게 네 가지 요소로 구성되어 있습니다.

심장이 두근거리거나 땀을 흘리거나 얼굴이 붉어지는 생리적 요소가 나타납니다. 감정을 즉각적으로 알아차리기 어려울 때 신체 감각을 잘 파악하면 어떤 감정을 느끼고 있는지 알 수 있습니다. 감정마다 특유의 신체 감각 패턴이 있기 때문입니다. 예를 들어, 화가 난다면 심장박동수가 빨라지고 혈압이 상승하며 얼굴이 붉어지고 주먹에 힘이 들어갑니다.

행동적 요소로 나타납니다. 불안하면 손톱을 물어뜯거나 머리카락을 자주 만지거나 눈을 깜빡거리거나 다리를 떨기도 합니다.

체험적 요소로 나타납니다. 감정을 느끼고 표현하는 측면으로, 주관적으로 어떻게 느끼는지, 어떻게 표현하는지에 관한 부분입니다. 예를 들어, 슬플 때 눈물을 흘리기도 하고, 화가 날 때 소리를 지르기도 합니다.

마지막으로, 인지적 요소로 나타납니다. 감정을 느끼는 것은 어떤 생각을 했기 때문입니다. 즉 감정과 관련해 떠오르는 생각, 인지적 요소가 있습니다.

이렇듯 감정을 경험할 때는 생리적·행동적·체험적·인지적 요소가 함께 나타납니다. 우리는 그러한 다양한 측면을 알아차림으로써, 지금 내가 어떤 감정을 느끼고 있는지 그리고 어떤 상태에 있는지 파악할 수 있습니다.

실습 1. 내 감정에 주의 기울이기

최근 불쾌한 감정을 경험했던 상황을 떠올려보십시오. 그때 어떠했는지 기억해 보십시오.

1. 언제였습니까?

2. 어떤 상황입니까?

3. 어떤 신체 감각의 변화가 있습니까?

예) 호흡이 가쁘다, 손에 땀이 난다, 입이 바싹 마른다, 심장이 심하게 두근거린다, 가슴이 답답하다, 얼굴이 달아오른다 등.

4. 어떤 행동 변화가 있습니까?

예) 눈을 심하게 깜빡거린다, 주먹을 불끈 쥔다, 다리를 떤다, 머리카락을
자꾸 만진다, 손을 떤다 등.

5. 어떤 생각이 떠올랐습니까?

예) 지금 나를 무시하는 거야? 잘못되면 어떻게 하지?

6. 주관적으로 무엇을 느꼈습니까?

감정 덩어리에
이름을 붙여라

감정을 조절하기 위해서는 감정의 정체를 알아내야 합니다. 그 감정이 슬픔인지 불안인지 분노인지에 따라 감정을 다루는 전략이 달라집니다. 감정조절의 시작, 즉 자신에게 주의를 기울이는 가장 중요한 목적 또한 감정의 정체를 알기 위해서입니다. 느껴지는 신체 감각을 알아차리고 떠오르는 생각과 행동 변화를 알아차리면 어떤 감정을 느끼고 있는지 알아낼 수 있습니다.

감정의 정체를 알지 못할 때, 우리는 막막하고 답답합니다. 또한 감정의 정체를 알지 못하기 때문에, 나에게 어떤 영향을 미칠지 몰라서 조마조마하고 불안합니다. 내가 통제하지 못할 일이 벌어질지도 모르며, 지금 하고 있는 일을 망칠지도 모르고, 다른 사람들과의 관계를 망칠지 몰라서 두렵습니다. 정체를 모르면 불안하고 쉽게 압도될 수 있습니다.

감정에 이름을 붙여주지 않으면, 감정 덩어리에 불과합니다. 그런데 이름을 붙여주면 감정 덩어리는 정체를 드러냅니다. 그리고 정체를 알게 되면 더 이상 두렵거나 위협적인 대상으로 다가오지 않습니다. '너 화였어?' '너 서운한 거였어?' '너 억울한 거였어?'라고 말입니다. 그 감정을 어느 정도 다룰 수 있다는 통제감과 자신감을 갖게 됩니다.

또한 감정은 명명하는 것만으로도 어느 정도 감정조절 효과가 있습니다. 화가 치밀어 올라 어쩔 줄 모르고 있는데 '내가 화가 났구나'라고 이름을 붙이면 그 순간 화가 조금 가라앉는 것을 경험할 수 있습니다. '너 억울했구나'라고 감정을 명명해 주면 맺힌 감정 덩어리가 조금은 풀리는 느낌이 들기도 합니다.

내 감정을 정확히 모르면 주변 사람들에게 내 상태를 전달하기도 어렵습니다. 즉 감정을 명명하는 이유 가운데 하나는 의사소통을 위해서입니다. 화가 나는데, 옆에서 친구가 묻습니다. 그때 "그냥 답답해"라고 말한다면, 친구는 어떤 말을 해줘야 할지 모를 테고 대화는 거기서 단절되고 말 것입니다. 반면 "나 화가 나 있어"라고 말한다면, 친구는 "아까 그 사람이 한 말에 기분이 나빴구나!"라고 당신을 이해할 수 있을 것입니다.

자, 그럼 감정에 이름을 붙이는 연습을 해보겠습니다. 아래 팁을 이용하면 훨씬 수월할 것입니다.

한 상황에서 여러 감정을 느낄 수 있다

우리는 한 상황에서 여러 감정을 느낄 수 있습니다. 누군가에게 미운 감정이 들면서도 좋아하는 감정이 그것입니다. 이처럼 서로 모순되는 감정을 함께 느끼는 것을 양가감정이라고 합니다. 좋으면서도 불안하고, 기쁘면서 슬프고, 시원하면서도 섭섭합니다.

또한 매 순간 다가오는 자극이 달라지고 상황은 변화하기 때문

에, 그때마다 감정이 달라질 수 있습니다.

감정을 경험했던 상황을 적어 보세요. 그 상황에서 느꼈던 감정은 한 가지 이상이 될 수 있습니다. 매 순간 자신의 감정이 어떻게 변화했는지 섬세하게 찾아보는 것이 감정을 이해하고 조절하는 데 도움이 됩니다.

감정 단어 목록을 참고하여 감정을 명명하라

세상에 태어난 아이가 점차 사고 능력이 발달해 가는 것을 인지가 분화된다고 합니다. 감정 또한 성장하는 동안 분화되고 발달해 갑니다. 감정을 물었을 때 "그냥 답답해"라고 표현하는 이들이 많습니다. 실제로 그가 처해 있는 상황이 어떻게 해야 할지 모를 만큼 막막해서 답답한 감정을 느낄 수 있습니다.

그러나 너무 자주 다양한 상황에서 '답답하다'는 표현을 반복한다면, '내 감정이 정확히 무엇인지 모르겠다'는 뜻으로 이해하셔도 됩니다. 즉 감정을 구체적으로 알아차리지 못해 답답한 것이고, 감정의 발달 과정에서 감정 분화가 잘 이뤄지지 않은 상태라고 볼 수 있습니다.

우리는 살아가면서 다양한 감정들을 경험하고 수많은 단어를 접합니다. 또한 감정은 조금씩 다르게 경험됩니다. 그렇기에 내가 느꼈던 감정을 찾아서 명명하는 것은 그리 쉬운 일이 아닙니다. 부록의 감정 단어 목록을 휴대하고 다니면 도움이 될 것입니다.

불쾌한 감정이 느껴질 때 그 목록을 훑어보면서 마음에 걸리는 단어들을 찾아보십시오. 그리고 '내가 느낀 감정이 이거였어'라는 생각이 드는 단어들을 찾아 적어보시기 바랍니다. 이 과정을 반복하는 것만으로도 감정은 상당 부분 조절됩니다.

감정이 얼마나 강렬한지 평가하라

불안한 감정을 느낀다 할지라도 어떤 사람은 '살짝 긴장되고 초조한 정도'일 수 있고 어떤 사람은 '너무 불안해서 아무것도 할 수 없을 정도'일 수 있습니다. 또한 비슷한 감정일지라도 그 감정을 느끼는 정도는 매 순간 달라집니다. 느끼고 있는 감정의 강도가 중요한 이유는 불쾌한 감정이 고양되어 있고 강렬하다면 생각에 접근하는 인지적 방법이 효과를 발휘하기 힘들기 때문입니다.

이때는 접근적인 체험적 방법을 사용하여 일단 감정을 충분히 느끼고 표현함으로써 해소시켜 주어야 합니다. 그렇게 감정이 가라앉은 상태에서야 감정의 원인을 이해하고 대안적으로 생각하는 인지적 방법이 효과를 발휘할 수 있습니다.

당신이 느끼고 있는 감정은 얼마나 강렬합니까? 0에서 100까지 평가해 보시기 바랍니다.

최근 불쾌한 감정을 경험했던 순간을 떠올려보십시오. 지금부터 그 감정에 이름을 붙이는 작업을 할 것입니다.

1. 언제였습니까?

2. 어떤 상황이었습니까?

3. 그때 당신은 어떤 감정을 느꼈습니까?

4. 그 감정을 얼마나 강렬하게 느끼고 있었습니끼?

어느 직장이나 시도 때도 없이 부하직원에게 일을 시키는 상사가 있지요. 인혜 씨는 중요한 약속이 있어서 급히 나가야 하는데, 어려운 직장 상사가 일을 시켜서 무척 난감했습니다. 또 퇴근 시간에 일을 시키는 것에 부당함을 느꼈고 상대를 배려하지 않는 상사의 행동에 화가 났습니다. 이 경우 감정 명명 기록지에 다음과 같이 작성할 수 있습니다.

감정 명명 기록지

날짜	상황	감정 이름	감정 강도 (0~100)
9월 10일	저녁 7시 친구들과 어렵게 약속을 잡았다. 그런데 퇴근하려고 가방을 챙기니 김 과장이 부탁할 게 있다며 일을 시켰다.	난처함 화가 남	80 60

이처럼 감정이 발생한 상황을 구체적으로 적은 다음, 그 상황에서 느꼈던 감정이 무엇인지 명명해 보십시오. 각 감정에 대해 얼마나 강렬하게 느꼈는지 평가해 보세요.

매일 스트레스 상황이나 불편한 감정이 올라올 때마다 감정 명

명 일지를 써보는 습관을 들이십시오. 그러면 불쾌한 감정에 휘둘리는 일이 줄어들 것입니다. 스트레스 상황에 대한 통제감도 기를 수 있습니다.

감정을 해소할 수 있는
안전한 상황인지 판단하라

당신은 자신이 느끼고 있는 감정이 무엇인지 명명하고, 그 감정이 얼마나 강렬한지를 평가했습니다. 그렇다면, 이제 발생한 감정을 안전하게 해소할 수 있는 상황인지 판단하십시오.

감정은 자극에 반응해서 어떤 의미를 부여하여 발생합니다. 그 감정은 오직 충분히 느끼고 표현되기를 바랍니다. 따라서 발생한 감정은 그대로 알아차리고 느끼고 표현하는 체험적 방법을 사용하여 해소할 수 있습니다. 감정은 해소하면 사라집니다.

그러나 감정을 체험적 방법을 통해 해소하기 위해서는 자신에게 안전하다고 느껴지는 상황인지 먼저 판단해야 합니다.

화를 표현하고 발산해도 괜찮은지, 슬퍼하며 펑펑 울어도 좋은지, 초조하고 불안해 죽겠는 감정을 그대로 표현해도 괜찮은 상황인지 확인해야 합니다. 예를 들면, 공터나 노래방이나 집에 혼자 있거나 혹은 자신의 감정을 수용해 줄 수 있는 친밀한 사람과 함께 있을 때가 안전한 상황에 해당될 것입니다. 중요한 것은 스스로 안전하다고 느끼느냐입니다.

이를 판단하기 위해 당신이 처해 있는 상황과 주변 환경에 대해 알아차리십시오. 당신은 자신의 감정을 충분히 느끼고 표현해도 괜찮은 안전한 상황에 있습니까?

□ 그렇다. → 3단계 접근적인 체험적 방법을 도입하라.
□ 아니다. → 2단계 주의 분산적인 방법을 도입하라.

지섭 씨는 평소 기분 나쁜 일이 있으면 참는 편인데 쌓이다 보면 어느 순간 폭발하는 때가 있습니다. 그것이 언제나 화근이 됩니다.

지섭 씨는 올해 초 같은 부서로 스카우트된 김 과장 때문에 스트레스가 이만저만이 아닙니다. 김 과장은 자신이 맡은 일은 제대로 하지 않으면서 늘 잘난 체를 합니다. 부장과 상무를 비롯해서 윗사람들에게 얼마나 아부를 떠는지 모릅니다. 몸도 어찌나 사리는지 곤란한 일들은 모두 부하직원들에게 미루면서 매사에 트집을 잡고 무시합니다. 책상 정리부터 물품 관리까지 "왜 이 모양이냐? 정리는 제대로 했느냐?" 면서요.

모두들 김 과장과는 밥도 먹지 않으려 합니다. 점심시간이 되면 다들 핑계를 대서 따로 먹지요. 어떤 직원들은 김 과장이 말도 안 되는 트집을 잡거나 요구를 하면 기분 나쁜 표시를 냅니다. 지섭

씨는 그렇게까지는 못하는데 그래서인지 유독 지섭 씨에게 궂은 일은 모두 시키고 대놓고 무시하곤 합니다. 그럴 때마다 지섭 씨는 너무 화가 나지만 어떻게 해야 할지 모르겠습니다.

최근에는 큰 사건도 있었습니다. 김 과장이 맡은 일이었는데 지섭 씨에게 떠넘겼고 지섭 씨도 너무 바쁜 터라 제대로 챙기지 못했습니다. 결국 일이 터지자 김 과장은 모든 책임을 지섭 씨에게 떠넘겼습니다. 상사들에게 지섭 씨 탓이라고 말한 것입니다. 물론 지섭 씨가 제대로 살피지 못한 점은 있지만 결국 김 과장이 일을 떠넘겨서 이렇게 되었다는 생각에 지섭 씨는 몹시 화가 났습니다.

그러다 김 과장이 다른 직원들 다 있는 자리에서 자신은 아무 잘못이 없는 것처럼 지섭 씨를 훈계하며 비난했습니다. 순간 지섭 씨는 화를 주체할 수 없었습니다. 책상에 컵을 내려놓았는데 너무 힘을 주었는지 컵이 깨졌습니다. 당황해서 화장실로 가는데 쾅 소리가 날 만큼 문이 세게 닫혀버렸습니다.

돌아와 보니 모두들 지섭 씨가 김 과장에게 화가 나서 컵을 깨고 화장실 문을 걸어찼다는 식으로 말했습니다. 한마디로 하극상이 된 것이지요. 지섭 씨는 이 일로 시말서를 쓰고 징계를 받고 말았습니다.

지섭 씨는 직장에서 위와 같은 일로 스트레스를 받고 있습니다. 직장생활을 하다 보면 일에 시달리며 스트레스를 받을 때가 많지요. 화가 치밀어 오르는 때도 자주 있습니다. 그렇다고 당장 화난 감정을 풀 수 있는 상황도 아니고요. 당신이 지섭 씨라면, 이럴 때 어떻게 하겠습니까?

화가 치밀어 오르거나 슬픔이 북받칠 때, 몹시 불안할 때 등 감정이 고양되어 있지만 그 감정에 접근해서 해소할 수는 없는 상황에서는 주의를 다른 데로 돌림으로써 일시적으로 감정을 완화시킬 수 있습니다. 그 방법들에 대해 구체적으로 살펴보겠습니다.

다른 곳으로
생각을 돌려라

딴 생각을 하라

불쾌한 감정은 관련 자극이나 상황에 주의를 주고 있기 때문에 느끼는 것입니다. 따라서 주의를 다른 데로 돌리면 불쾌한 감정 또한 완화됩니다. 관련 없는 다른 일을 생각해 보세요.

예를 들어, 어제 남자친구가 갑작스레 헤어지자는 말을 했습니다. 당혹스럽고 심란하기만 합니다. 이때 제출해야 하는 보고서에 대한 생각을 하거나, 처리해야 하는 프로젝트로 주의를 돌려 몰두함으로써 일시적으로 이별과 관련된 감정을 회피할 수 있습니다.

혹은 좋아하는 것을 읽으십시오. 책이나 잡지, 그 무엇이든 괜찮습니다. 당신이 읽고 싶은 것을 선택하세요. 소설이든 수필이든 시집이든 인문서적이든 괜찮습니다. 가능하다면 소리를 내어 읽는 것도 효과적입니다. 읽는 것이 불쾌한 감정으로부터 주의를 돌리는 데 도움이 될 것입니다.

인터넷 서핑으로 뉴스나 정보에 주의를 돌리거나 구구단을 욀 수도 있고 숫자를 셀 수도 있습니다. 숫자를 셀 때는 1부터 시작하거나 100부터 시작해 거꾸로 셀 수도 있습니다.

즐거운 일을
생각하라

불쾌한 감정을 상쇄시킬 수 있는 유쾌하고 즐거운 일을 생각해 주의를 분산시킬 수 있습니다. 예를 들어, 올 여름 휴가 계획을 세우는 데 주의를 돌리는 것입니다. 어디로 갈지, 어떤 곳에서 묵을지, 어떤 교통편을 이용할지, 어느 곳을 둘러볼지 생각하다 보면, 조금씩 기분이 나아질 것입니다.

또는 취미 활동과 관련된 생각을 해보십시오. 예를 들면 가구 만들기, 퀼트, 스키, 살사댄스 등 좋아하는 일에 대한 정보를 찾아 생각해 보세요.

위안이 되는 말
되뇌라

위안이 되는 말을 반복해 되뇌임으로써 일시적으로 불쾌한 감정을 완화시킬 수 있습니다. 그런데 사람마다 위안이 되는 말이 다르므로 자신에게 효과적인 말을 찾는 것이 중요합니다.

다음은 정서조절 코칭 프로그램과 워크숍을 진행하면서, 사람들에게 효과를 발휘하는 위안이 되는 말들을 조사해 수집해 놓은 것입니다.

위안이 되는 말들

- 괜찮아. 실수해도 괜찮아.
- 후회해도 달라지지 않아.
- 나아질 거야. 더 나은 미래가 있을 거야.
- 별 것 아니야. 중요하지 않아.
- 시간이 해결해 줄 거야.
- 그럴 수도 있지.
- 잘한 거야. 잘할 수 있을 거야.
- 그 정도면 충분히 잘한 거야.
- 아무 일도 일어나지 않을 거야. 그렇게 큰일은 아닐 거야.
- 모든 일은 다 의미가 있는 거야.

· 시간은 충분해.

· 아직 모든 게 끝난 게 아니야.

· 지난날을 후회하는 시간 때문에 더 후회하게 된다.

· 신은 내가 감당할 수 있을 만큼 시련을 주신다.

· 너만 겪는 건 아니야.

· 걱정한다고 문제가 해결되는 것은 아니야.

· 신은 나를 통해 큰일을 해내시려는 거야.

· 내 눈앞에 있으니 크게 느낄 뿐이야.

평소 당신에게 효과가 있는 말은 무엇입니까? 아래에 적고, 목록에서 가슴에 와 닿는 말이 있다면 추가로 적어 보세요.

당신에게 위안이 되는 말을 모두 모았다면, 쉽게 볼 수 있는 곳에 적어놓으십시오. 휴대전화의 메모장·수첩·책상·컴퓨터 모니터 등이 효과적입니다. 카드를 만들어 가지고 다닐 수도 있습니다. 불쾌할 때 이 말들을 감정이 완화될 때까지 반복해서 되뇌십시오.

이 작업을 반복하다 보면, 점차 그러한 생각들이 마음에 자연스럽게 자리 잡게 됩니다. 그래서 같은 자극이나 상황에 마주하더라도 덜 불쾌해질 수 있고, 보다 빨리 기분이 완화될 수 있습니다. 당신은 어디에 적어놓으시겠습니까?

기분이 전환되는
일을 하라

유쾌한 활동을
하라

기분이 전환되는 활동에 참여해 보세요. 당신의 주의는 어느새 불쾌한 감정이나 대상으로부터 멀어질 수 있습니다. 유쾌한 활동에 주의를 주어 참여하다 보면 기분도 유쾌해집니다. 그런데 스트레스를 받고 있거나 기분이 안 좋을 때는 그러한 활동이 잘 떠오르지 않습니다. 그러니 당신을 흥분시키거나 유쾌하게 만드는 활동을 목록으로 만들어 한 곳에 적어 놓으십시오.

다음은 기분을 전환할 수 있는 활동들입니다.

기분 전환을 위한 활동들

- 신나는 음악 크게 틀어놓기. 레코드 가게 가서 음악 듣기
- 산책하기. 삼청동길 걷기
- 등산 · 볼링 · 배구 · 소프트볼 · 배드민턴 · 요가 등 운동하기
- 야구장 가기
- 노래방에서 춤추며 신나게 놀기
- 예술의 전당에 가기
- 오카리나 · 기타 · 피아노, 바이올린 등 악기 연주하기
- 사진 찍기
- 그림 그리기
- 영화 보기
- 수면 취하거나 마사지 받기
- 반신욕이나 샤워 하기
- 미술관이나 전시관 가기
- 뮤지컬 · 연극 · 콘서트 등 공연 보러 가기
- 헤어스타일 바꾸기. 화장하기
- 꽃이나 나무 심기
- 쇼핑하기. 인테리어 소품 구경하기
- 놀이공원 가기. 동물원 구경 가기
- 맛집 가기. 데이트하기

평소 당신의 기분을 유쾌하게 만드는 효과가 있는 활동은 무엇입니까? 가능한 한 구체적으로 적으십시오. 제시된 목록 가운데 마음에 드는 활동이 있다면 추가로 적어 보세요.

수첩이나 휴대전화 같은 곳에 당신에게 효과가 있는 기분 전환 활동들을 적어 놓으세요. 불쾌한 감정을 느낄 때 그 목록을 보고 그 가운데 하나를 실천하세요. 불쾌한 감정으로부터 어느 정도 벗어날 수 있을 것입니다.

중성적인 활동에 몰입하라

대학교 시절, 시험기간만 되면 책상의 모든 책과 파일을 꺼내 라벨을 붙이는 친구들이 있었습니다. 공부는 않고 왜 그러고 있냐고

물으면 "이래야 마음이 편안해지고 준비가 돼" "난 책상이 정리되지 않으면 공부할 수가 없어"라고 대답하곤 했습니다.

우울할 때면 대청소를 시작하는 분들도 있습니다. 커튼을 뜯고 이불 빨래를 하고 식기들을 모두 꺼내 설거지를 합니다. 어쩌면 이들은 관련 없는 중성적인 활동에 몰입함으로써 긴장감과 불안감을 완화시키거나 불쾌한 감정에서 벗어나려고 했는지 모릅니다.

중성적인 활동들
- 빨래하기, 커튼 빨기, 이불 빨기
- 설거지하기, 식기 정리하기
- 뜨개질하기
- 퍼즐 맞추기
- 책상 및 파일 정리하기
- 요리하기
- 화분에 물주기

이미지를
활용하라

편안한 장소를
떠올려라

눈을 감고 즐겁고 행복했던 장면이나 마음을 편안하게 해주는 장소를 머릿속에 떠올려 보세요. 마음이 편안해지고 이완되는 것을 느끼실 것입니다. 이렇듯 이미지를 활용하면 어렵지 않게 감정을 이완할 수 있습니다.

시골 외갓집, 어릴 때 살던 집, 휴가 갔던 제주도의 푸른 바다……. 당신에게 마음을 편안하게 해주는 장소 혹은 장면은 무엇입니까?

다음과 같이 따라 해보시기 바랍니다. 가장 효과적인 방법은 아래의 문장을 천천히 읽어 녹음한 다음, 녹음기를 틀어놓고 지시를 따라가는 것입니다. 또는 다른 사람에게 천천히 읽어달라고 합니다. 둘 다 여의치 않다면, 지시문을 읽고 천천히 따라 해보시기 바랍니다.

1. 당신의 호흡에 주의를 기울여보십시오. 몇 분 동안 숨을 천천히 쉬십시오.

2. 호흡을 하면서, 5부터 천천히 거꾸로 세십시오. 당신은 천천히 이완되는 상태로 빠져들 것입니다. 그리고 당신 자신에게 말하십시오. "나는 깊이 이완되어 있다."

3. 자, 이제 당신이 쉴 때 가고 싶었던 즐거운 장소를 상상해보십시오. 그곳이 어디입니까? 푸른 바다나 숲, 또는 어릴 때 갔던 외갓집과 같이 특정한 장소기 될 수도 있습니다. 예를 들어, 넓은 잔디가 있는 언덕을 떠올려 보십시오. 평화롭고 조용합니다. 그 위에 작은 벤치가 놓여 있습니다. 그곳에 당신이 앉아

---

2) 《정서 조절 코칭북》의 '심상을 활용한 주의분산'을 수정한 것입니다.

있다고 상상해 보십시오. 눈을 감고 그곳에 집중해 보세요.

4. 당신의 모든 감각으로 그곳을 느껴보십시오. 보고, 듣고, 만지고, 냄새를 맡아 보고, 맛도 느껴보십시오. 당신의 불편한 감정으로부터 이완이 되기에 충분한 시간 동안 머물러 보십시오.

5. 이제 돌아올 시간이 되었습니다. 상상하던 이미지들이 희미해지도록 당신의 호흡에 다시 주의를 기울이십시오. 이완된 느낌을 유지해 보십시오. 돌아올 준비가 되었다면, 1에서 5까지 천천히 세면서 눈을 뜨기 바랍니다.

이미지를 떠올리기 전과 후의 감정 상태를 다음의 표에 체크해 보십시오. 어떤 감정을 느끼고 있고, 그 감정을 얼마나 강렬하게 느끼고 있는지 주관적으로 평가해 보세요.

이미지를 활용해 주의를 분산시키는 방법으로 감정을 얼마나 완화시키거나 변화시킬 수 있는지 확인해 보시기 바랍니다.

	이미지 사용 전	이미지 사용 후
감정을 명명하세요.		
그 감정을 얼마나 강하게 느끼고 있나요? (0~100)		

감각에 주의를
기울여 이완하라

호흡에
집중하기

강렬한 감정에 압도되어 있을 때, 가장 효과적인 완화 방법은 무엇일까요?

우리는 방송 등에서 최면이나 이완을 유도하는 방법들을 본 적이 있습니다. 깔끔하게 정장을 차려입은 남성이 줄이 달린 시계를 눈앞에 흔듭니다. 시계는 좌우로 규칙적으로 움직입니다. 눈도 시계를 따라 왔다갔다 규칙적으로 움직입니다. 점차 이완이 되면서 어느 순간 마법처럼 스르르 눈이 감깁니다.

강렬한 감정을 조절하는 방법으로 주목받고 있는 한 이완 기법은, 일정 시간 동안 눈동자를 좌우로 규칙적으로 움직이는 것입니다. 우리의 주의를 한 대상에 규칙적으로 반복해 기울이면, 점차 그 규칙에 반응해 흥분은 가라앉고 서서히 이완됩니다.

그렇다면 우리가 언제 어디서든 활용할 수 있는 규칙적인 대상은 무엇일까요? 바로 호흡입니다. 호흡은 신체 감각으로써 쉽게 확인할 수 있는 규칙적인 대상이지요. 또한 늘 우리 몸과 함께하기 때문에 언제 어디서든 사용할 수 있습니다. 따라서 대부분의 이완 기법들이 호흡을 활용합니다.

호흡은 배로 할 수도 있고 가슴으로 할 수도 있습니다. 복식호흡은 가슴은 가만히 있고 배만 움직이는 것이고, 흉식호흡은 배는 가만히 있고 가슴만 움직이는 것입니다. 두 가지 가운데 편한 방법을 사용하면 됩니다. 둘 다 호흡이라는 규칙에 주의를 집중함으로써 효과적으로 이완을 유도하고 안정감을 가질 수 있는 방법입니다.

실습 4. 복식 호흡 [3]

처음에는 하루에 두어 차례, 5분에서 10분 동안 복식호흡 훈련을 반복하는 것이 중요합니다. 초기에는 방해받지 않는 조용하고 편

---

[3] 《정서 조절 코칭북》의 '복식호흡 훈련'을 수정한 것입니다.

안한 장소가 좋지만, 익숙해지면 언제 어느 곳에서나 사용할 수 있습니다.

일단 숨을 천천히 부드럽게 들이마시고, 더 길게 내쉬십시오.

1. 허리띠를 풀고 꼭 끼는 옷을 피하는 등 복장을 느슨하게 하세요. 그런 다음 소파나 침대 또는 바닥에 누우세요. 의자에 앉는다면, 편히 앉도록 하세요.

2. 편안한 자세로 수초 동안 숨을 고르십시오.

3. 가슴은 고정시키고 배로 숨을 쉬어보십시오. 배를 부풀리면서 숨을 들이마시고, 배를 낮추면서 천천히 숨을 내쉬세요.

4. 왼손은 가슴에, 오른손은 배에 얹고 숨을 쉬세요. 이때 왼손은 가만히 있고 오른손만 오르내려야 합니다. 숨을 들이마시면서 풍선처럼 배를 부풀렸다가 천천히 공기를 밀어내듯 숨을 내쉬세요.

5. 천천히 부드럽게 숨을 쉬면서 들이쉬는 숨보다 내쉬는 숨을 더 길게 쉬도록 하세요. 고로 숨을 쉬되 내쉬는 숨이 끝나면 "하~" 하고 입으로 소리를 내며 이완하세요.

6. 익숙해지면 앉은 자세와 일어선 자세에서도 반복하면서, 다양한 상황에서 복식호흡을 바로 적용할 수 있도록 연습하기 바랍니다.

근육의 긴장을 풀어주기

스트레스를 받거나 감정이 강렬한 상태일 때는 근육이 긴장되어 있습니다. 이러한 긴장을 풀어줌으로써 이완시키는 방법이 긴장이완 훈련인데, 근육을 강렬하게 수축시키는 긴장 과정과 수축된 근육을 풀어주는 이완 과정으로 이루어져 있습니다. 용수철의 원리와 같습니다.

용수철에 힘을 가해 수축시킨 다음 갑자기 힘을 빼면 정반대 방향으로 튕겨져 나오면서 용수철은 풀어지게 됩니다. 근육도 마찬가지입니다. 근육을 강하게 조였다가 한 순간에 힘을 놓음으로써 그 반동으로 신체 감각이 풀어져 이완하도록 유도하는 것입니다.

실습 5. 긴장 이완훈련 [4]

다음의 지시문을 녹음하여 틀어놓고 따라하면 훨씬 효과적입니다. 그러나 상황이 여의치 않는다면 지시문을 읽고 따라하시기 바랍니다. 가능한 한 편안한 복장을 갖추고 편안한 자세를 취하십시

---

4) 《정서 조절 코칭북》의 '긴장이완 훈련'을 수정한 것입니다.

오. 그리고 눈을 감고 깊이 숨을 쉽니다. 부드럽게 복식호흡을 하십시오(10초). 이제부터 이완 훈련에 들어가겠습니다.

1. 오른손부터 훈련을 시작하겠습니다. 오른손에 최대한 힘을 주고 일곱을 세면서 주먹을 꽉 쥐십시오. 손의 긴장을 느끼며 그 상태에 머무십시오(7초). 자, 이제 열을 세면서 천천히 힘을 뺍니다. 조금 전 힘을 주었을 때와 힘을 뺄 때의 느낌을 비교하면서 천천히 주먹을 펴고 근육을 이완시킨 다음 손바닥을 바닥에 내려놓습니다(10초).

2. 오른손과 같은 방법으로 왼손을 훈련합니다.

3. 이번에는 오른팔입니다. 팔꿈치를 굽힌 다음 힘껏 힘을 주어 근육을 최대한 긴장시키십시오. 근육의 긴장을 느끼며 그 상태에 머무르십시오(7초). 자, 이제 열을 세면서 천천히 힘을 뺍니다. 따스한 감각과 이완되는 느낌을 느껴보십시오(10초).

4. 같은 방법으로 왼팔 근육을 훈련합니다.

5. 이제 오른쪽 발과 다리입니다. 오른쪽 다리를 들고 발끝을 쭉 뻗은 상태에서 일곱을 세면서 발과 다리에 최대한 힘을 주십시오. 발목과 뒤꿈치, 발바닥이 긴장을 느끼십시오. 종아리와 정강이로 긴장이 퍼지는 것을 느껴보십시오(7초). 자, 이제 서서히 힘을 빼고 편안하게 근육을 풀어주면서 열을 셉니다. 이완시켰을 때의 편안한 느낌과 다리의 무게를 느껴보십시오(10초).

6. 같은 방법으로 왼쪽 발과 다리도 훈련합니다.

7. 이번에는 양쪽 허벅지 근육입니다. 양쪽 허벅지를 꽉 붙이고 다리를 들어올린 다음 힘껏 힘을 줍니다. 오로지 허벅지에만 집중하면서 그 상태에서 일곱을 셉니다(7초). 이제 열을 세면서 천천히 근육을 풀어주십시오. 양다리가 매우 무거워지는 것을 느낍니다. 모든 긴장이 사라지면서 생기는 편안한 느낌에 주의를 기울이십시오(10초).

8. 이제 아랫배의 근육을 긴장시켜 봅니다. 아랫배를 힘껏 들여보낸 다음 어떤 느낌이 드는지 음미하면서 그 상태에 머물러 일곱을 세십시오(7초). 이제 편안하게 힘을 빼면서 열을 세십시오. 따뜻해지는 느낌과 편안함을 느껴보십시오(10초).

9. 가슴 근육을 긴장시킬 차례입니다. 숨을 깊게 들이마셔 가슴을 팽창시킨 다음 숨을 참으며 천천히 일곱을 셉니다. 가슴과 등에서 긴장이 느껴집니다(7초). 이제 부드럽게 숨을 내쉬면서 천천히 열을 세십시오. 긴장했을 때와 이완했을 때의 차이를 느껴보십시오(10초). 숨을 한 번 들이마시고 내쉴 때마다 점점 더 편안하게 이완됩니다.

10. 자, 이번에는 어깨 근육입니다. 양쪽 어깻죽지를 귀밑까지 바짝 끌어올린 다음 힘을 꽉 주어 서로 붙여보십시오. 목 주위와 뒷덜미의 긴장을 느끼면서 그 상태에서 일곱을 세십시오(7초). 자, 이제 열을 세면서 편안하게 힘을 빼고 양어깨와 등 위

쪽, 목이 이완되는 것을 느낍니다. 긴장했을 때와 차이를 느껴보십시오(10초).

11. 다음은 목의 근육입니다. 턱을 몸 쪽으로 힘껏 당기고 목에 힘을 주십시오. 그 상태에서 일곱을 셉니다(7초). 이제 편안하게 힘을 빼면서 이완되는 느낌을 느껴보십시오(10초).

12. 이번에는 얼굴입니다. 먼저 입술입니다. 입술에 힘을 주고 입을 꼭 다물어주십시오(7초). 이제 편안하게 이완하십시오(10초). 다음은 눈의 근육입니다. 눈꺼풀에 힘을 주고 두 눈을 꼭 감으십시오(7초). 이제 편안하게 눈 근육을 풀면서 긴장했을 때와 이완했을 때의 차이를 음미해 보십시오(10초).

13. 이번에는 미간입니다. 두 눈썹을 가운데로 모으고 힘껏 미간을 찌푸려보십시오(7초). 이제 편안함을 느끼면서 천천히 힘을 빼십시오(10초).

14. 다음은 이마입니다. 양쪽 눈썹을 위로 힘껏 치켜 올리고 이마에 주름살을 만드십시오(7초). 이제 편안하게 힘을 빼면서 이완을 느껴보십시오(10초).

15. 이제 더 깊은 이완 상태로 들어갑니다. 자, 편안하게 눈을 감으십시오. 이제부터 아주 천천히 다섯을 셉니다. 하나씩 셀 때마다 점점 더 편안하고 고요한 상태로 들어갑니다. 하나(5초), 둘(5초), 셋(5초), 넷(5초), 아주 깊고 편안합니다.

지금처럼 편안한 상태에서 호흡에 주의를 기울이십시오. 천

천히 복식호흡을 합니다. 당신은 시원한 공기를 들이마시고 따
스한 공기를 내쉽니다. 숨을 내쉴 때마다 나는 아주 편안하다고
생각합니다. 호흡은 아주 고르고 느립니다. 이렇게 이완된 상태
에서 느껴지는 편안함을 음미하십시오(2분).

16. 이제 깨어날 시간입니다. 다섯부터 하나까지 거꾸로 세
겠습니다. 이제부터 조금씩 정신이 들 것입니다. 둘에 눈을 뜨
고 하나를 세면 평상시처럼 정신이 깨어납니다. 다섯(2초), 당신
이 지금 어디 있는지 생각합니다. 넷(2초), 좀 더 정신이 듭니다.
셋(2초), 팔과 다리를 조금씩 움직입니다. 둘(2초), 아주 천천히
눈을 뜹니다. 하나(2초), 아주 천천히 일어나 앉습니다. 그리고
천천히 움직입니다. 매우 편안하고 기분이 좋습니다.

마음 챙김 명상 [5]

명상은 몸과 마음을 이완시키는 효과적인 방법으로 잘 알려져 있
습니다. 명상은 크게 사마타 명상과 위파사나 명상으로 나눌 수
있습니다. 사마타는 '고요하다'는 뜻으로, 대상에 깊이 집중함으

---

5) 《마음챙김 명상과 자기치유(존 카밧진)》의 '바디 스캔'을 참고했습니다.

로써 마음을 평온하게 만드는 방법입니다. 위파사나는 '여러 가지를 관찰한다'는 뜻으로, 우리의 몸과 마음에서 일어나는 여러 가지 현상을 관찰하여 근본적인 통찰을 얻는 방법입니다.

명상은 판단하지 않고 대상에 주의를 기울이는 방법으로, 신경이 쓰였던 대상으로부터 주의를 현재로 가져와서 이 순간에 일어나는 것에 대한 알아차림을 가능하게 합니다.

주의를 기울이는 데는 호흡을 이용합니다. 호흡을 계속 바라보다 보면, 점차 마음이 비워지고 이완됩니다. 그 외에도 주의를 기울이는 대상이나 활용하는 동작에 따라 건포도 명상·음식 명상·걷기 명상·요가 명상·바디 스캔 등의 방법이 있습니다.

건포도 명상은, 먼저 건포도를 관찰하여 지각되는 것을 알아차리는 것입니다. 눈으로 보이는 것, 귀에 댔을 때 들리는 것, 코에 댔을 때 맡아지는 것, 만졌을 때의 촉감을 느낍니다. 그런 다음 입에 넣고 씹지 않은 상태에서 입안과 혀에 느껴지는 것을 알아차립니다. 건포도뿐 아니라 다른 음식을 먹을 때도 이와 같은 원리를 이용해서 대상에 온전히 주의를 기울이며 평소에 놓치고 있던 감각과 세계를 알아차릴 수 있습니다.

걷기 명상은 천천히 한쪽 다리를 들어올리는 과정, 다리를 움직이는 과정, 다리를 내려놓는 과정, 다른 다리를 올리는 과정을 경험하면서 신체 감각에 주의를 기울이며 알아차립니다.

다음의 지시문을 녹음하여 틀어놓고 따라하면 훨씬 효과적입니다. 그러나 상황이 여의치 않는다면 지시문을 읽고 따라 하시기 바랍니다. 가능한 한 편안한 복장을 갖추십시오.

1. 방바닥이나 침대에 등을 대고 눕습니다(완전히 깨어 있는 상태여야 합니다.) 또한 몸이 충분히 따뜻해야 합니다. 실온이 낮을 때는 담요를 덮을 수 있습니다.

2. 조용히 눈을 감습니다.

3. 숨을 들이쉬고 내쉴 때마다 복부가 오르락내리락 하는 것을 느낍니다.

4. 몇 초간 발끝에서 머리끝까지 몸을 '전체'로 느끼고 그것을 감싸고 있는 피부 전체를 느끼도록 합니다. 그리고 방바닥이나 침대에 몸이 닿아 있는 부분의 감각을 느끼십시오.

5. 왼쪽 발가락에 주의를 집중하십시오. 마치 발가락 끝까지 통로가 있어 이를 통해 발가락으로 호흡을 들여보내고 내오는 것처럼 느끼세요. 이 방법을 익힐 때까지는 시간이 걸립니다. 우선 호흡이 코로부터 폐에 들어와 신체의 하부로 이동해서 복부로 연결되고, 여기서부터 왼쪽 다리를 거쳐 발가락 끝까지 들어와 같은 경로를 거쳐 코로 되돌아 나간다는 상상을 하면 도움

이 됩니다.

6. 발가락들 사이에서 일어나는 모든 감각을 느끼십시오. 발가락들 간의 감각의 차이를 구분하고, 발가락에서 밀려오는 감각을 관찰하십시오. 만약 아무것도 느낄 수 없다면 그것으로 괜찮습니다. '아무것도 느낄 수 없다'는 그 느낌을 그대로 받아들이십시오.

7. 발가락으로부터 주의를 다른 곳으로 옮길 준비가 되면, 우선 발가락까지 닿을 수 있도록 깊이 숨을 들이쉬고, 내쉴 때는 '마음의 눈'에서 발가락이 '사라진다'고 생각하십시오. 그런 후 몇 차례 호흡을 더 계속한 후 발가락, 발꿈치, 발등, 발목으로 차례로 주의를 옮기면서 각 장소에서 일어나는 감각을 관찰하는 동시에 호흡을 계속 하십시오. 몸의 곳곳에서 호흡과 함께 감각 경험을 하고 나면 그곳을 떠나 다음 장소로 이동합니다.

8. 주의가 산만해지면 일단 주의를 다시 호흡으로 돌리십시오. 그런 다음 주의를 집중하고 있는 장소로 되돌아가도록 합니다.

9. 주의를 위쪽 다리에서 계속 다른 신체 부위로 옮기십시오. 주의를 집중한 부위에서 일어나는 감각을 느끼고 그 부위와 함께 호흡을 한 후 다음 부위로 주의를 옮기십시오.

나만의
이완 방법 찾기

복식호흡·흉식호흡·안구 운동·긴장이완 훈련·명상 등은 신체 감각에 주의를 줌으로써 가장 효과적으로 스트레스를 완화시키고 이완된 상태를 유도하는 방법들입니다. 따라서 매일 조금씩 시간을 내어 훈련하십시오. 그리고 자신에게 효과가 있는 방법을 찾으십시오.

어떤 사람에게는 호흡법이 잘 맞지 않고 이완 훈련이 보다 효과적입니다. 또 어떤 사람은 이완 훈련보다는 호흡을 통해 이완을 효과적으로 유도하기도 합니다. 자신에게 맞는 이완법을 찾고, 스트레스 상황에 처할 때마다 그 방법을 사용해 일시적으로 이완된 상태로 유도하십시오.

지섭 씨의 사례로 돌아옵시다. 지섭 씨는 어떻게 해야 할까요? 불쾌한 감정은 접근적인 체험적 방법으로 해소하는 것이 가장 바람직합니다. 하지만 직장생활을 하다 보면 일을 계속 처리해야 하거나 다른 사람들을 사회적으로 상대해야 하는 상황들에 놓이게 됩니다.

이럴 때는 주의를 분산시키는 방법으로 감정을 완화시킴으로써, 일에 집중하고 사회적 관계에 원만하게 참여할 수 있습니다.

먼저 적어 놓았던 위안의 말 목록을 조용히 반복해서 되뇔 수 있습니다. "그래, 괜찮아. 별일 없을 거야" "이 또한 지나가리라" "신은 내가 감당할 수 있는 만큼 시련을 주신다" 등.

또한 조용히 자리에 앉아 눈을 감고 어릴 때 자주 갔던 할머니 댁을 떠올려볼 수 있습니다. 논과 밭, 푸른 들판, 참 즐거웠던 그곳을 말입니다.

아니면 조용한 곳으로 가서 눈을 감고 호흡에 집중합니다. 숨을 들이마시고 내쉬기를 5분 이상 반복합니다. 호흡에 집중하다 보면 마음이 차분해지고 이완됩니다. 그런 다음엔 '자, 이제 하던 일을 계속 해야지'라는 마음으로 다시 일에 전념합니다.

감정을 안전하게 해소하는 연습하기

당신을 따라다니는
감정 귀신을
사라지게 하는 방법은
무엇일까요? 

☐ 감정을 해결하는 방법을 찾아야 합니다.

☐ 감정을 해소하는 방법을 찾아야 합니다.

감정을 해소하기에
효과적이지 않은 상황

무조건 분출하면
위험하다

직장생활 4년 차인 나도희 대리는 요새 김 실장 때문에 몹시 스트레스를 받고 있습니다. 김 실장은 지나치게 완벽을 추구해서 프로젝트 기획안 하나 올릴 때도 딘어 하나까지 일일이 신경 써야 합니다. 사소한 것에도 트집을 잡기 일쑤이고 승인도 잘 안 해줍니다. 그리고는 생각 좀 하면서 쓰라고 무안을 주지요. 나 대리는 '나한테도 문제가 있겠지' 생각하며 최대한 맞춰보려 하지만 김 실장의 지적이 매일 반복되니 출근하는 것 자체가 스트레스입니다.

게다가 김 실장은 워낙 일찍 출근해서 나 대리도 최소한 30분

전에는 출근해야 합니다. 하루는 몸이 좋지 않아 병원에 다녀오느라 좀 늦었는데 김 실장이 비꼬았습니다. "도희 씨. 요즘 회사 다닐 만한가 봐?"

나 대리는 우울증까지 생겼습니다. 병원에서 상담을 받고 있지만 별로 나아지는 것도 없습니다. 답답한 나머지 부적을 붙인 속옷까지 사서 입고 다닙니다. 지금 다니는 회사 자체는 마음에 들지만 김 실장이 문제입니다. 나 대리는 어떻게 하면 좋을지 알 수가 없습니다.

나 대리는 직장 상사로 인해 큰 스트레스를 받고 있습니다. 하지만 그렇다고 해서 김 실장의 성격이나 행동을 바꾸기는 어렵습니다. 이처럼 스트레스를 주는 근본적인 대상이나 상황, 문제를 해결할 수 없을 때는 어떻게 하면 좋을까요?

이럴 때 스트레스와 불쾌한 감정을 궁극적으로 해소하고 조절하는 방법이 필요합니다. 해소되지 못한 감정귀신은 우리에게 다양한 신호를 보냅니다. 그래서 가슴이 답답하고 소리를 지르고 싶고 뭔가 터뜨리고 싶은 충동이 느껴집니다. 자신도 모르게 다른 사람들과 얘기할 때 쏘아붙이게 되고, 그럴 의도는 아니었는데 비아냥거리는 말이 불쑥 튀어나와 스스로 놀라기도 합니다.

이처럼 해소되지 않고 쌓인 감정은 분출되기를 원합니다. 그런데 불쾌한 감정을 느끼고 표현하고 분출하는 것이 언제나 감정을 해소하는 데 도움이 되는 것은 아닙니다.

당신의 희생양들

주영 씨는 직장에서 스트레스를 받고 돌아와 남자친구를 만나면 남자친구에게 짜증을 냅니다. 이것도 못마땅하고 저것도 못마땅하고, 모든 게 짜증스러워서 자꾸 신경질을 내지요. 남자친구는 주영 씨가 직장에서 힘들어하는 걸 아니까 다 받아주지만 가끔은 남자친구도 힘이 듭니다. 정색을 하며 기분 나빠하기도 하고 "이젠 나도 지친다"라고 말하기도 합니다. 주영 씨도 자신이 남자친구에게 잘못하는 것을 알지만 남자친구에게라도 풀어야 살 것 같습니다. '남자친구라면 이 정도는 받아줄 수 있는 것 아니야?'라고 생각하기도 합니다.

주영 씨와 같이 사람들은 스트레스를 받으면 주변 사람들에게 화를 내거나 신경질을 내면서 풀려고 합니다. 안에 쌓인 불편한 감정을 밖으로 꺼내놓아 조금이라도 덜어내려는 것이지요. 물론 사랑하는 사람이라면 어느 정도 받아줄 수 있겠지만, 계속될 때는 관계가 악화될 수 있습니다.

감정을 푸는 사람은 조금 나아질지 몰라도 주변 사람들은 부당한 스트레스와 불쾌한 감정을 떠안게 됩니다. 자신을 공격하고 있다고 인식하게 만들어 억울함과 분노를 유발할 수 있고, 때로는 복수의 칼날을 갈게 만들지 모릅니다. 따라서 새로운 갈등이 유발되거나 깊어지고, 스트레스는 더욱 쌓이게 됩니다.

상대방이 불쾌한 자극이나 스트레스를 주긴 했지만 그 사람이 실제로 기여한 것보다 과하게 반응한다면, 상대방은 분명 부당하다는 생각과 함께 억울함을 느낄 것입니다. 앞의 예에서 김 실장은 나 대리로 인해 받은 스트레스와 불쾌한 감정을 나 대리에게 직접 표현했습니다. 그럼 각자 어떤 마음인지 그 속마음을 들어볼까요?

김 실장 : 직장생활도 힘들고 집에 돌아와서는 아이들 돌보느라 하루가 어떻게 가는지 모르겠어요. 그런데 부하직원이 시킨 일을 제대로 하지 않잖아요. 얼른 마치고 저는 다른 일을 처리해야 하는데. 나 대리가 일을 제대로 했으면 제가 이렇게 화를 내겠어요? 일을 할 때 꼼꼼하게 해야지, 늘 뭔가 빠뜨리는 것이 있어요. 나 대리를 보면 너무 화가 나요.

나 대리 : 물론 김 실장님 마음에 들지 않겠지요. 워낙 완벽주의자이고 꼼꼼하게 일을 하니까요. 하지만 그렇게 화를 내실 정도로 제가 잘못했다는 생각은 들지 않아요. 일을 하다 보면 조금 늦어질 수도 있고 뭔가 빠뜨릴 수도 있지요. 전 최선을 다하고 있다고요. 그런데 그렇게 지적하고 비아냥거리고 화를 내시니, 정말 과한 것 같아요. 너무 상처가 되고 억울하고 화가 나요.

김 실장은 나 대리가 잘못했기 때문에 야단치고 화를 낸다고 항변합니다. 하지만 나 대리 입장에서는 그럴 만큼 자신이 잘못했다고 생각하지 않습니다.

이처럼 많은 경우 각자 그 상황에 기여한 정도를 다르게 생각합니다. 즉 A와 B의 관계에서 B가 잘못했을 때 A는 B의 잘못을 90으로 지각하지만 B는 60으로 지각할 수 있습니다. 이럴 경우 A는 90만큼 나무라지만, B는 60인데 90을 나무라니 30이 억울하게 다가옵니다.

그곳이 강의실이나 도서관이라면

이번에는 사회적 상황에서의 감정 해소를 살펴봅시다. 강의실이나 도서관 같은 공적인 장소에서 불쾌한 감정을 그대로 느끼고 표현하여 해소한다면 어떻게 될까요? 감정을 유발한 당사자니 주변 사람들에게 상처를 주지 않으면서도 감정의 속성에 충실하게 접근하여 해소하는 것이니 괜찮지 않을까요?

물론 괜찮을 수도 있습니다. 그러나 다른 위험의 가능성은 언제나 도사리고 있지요. 예를 들어, 강의실에서 그동안 눌러놓았던 슬픔을 표현하고 펑펑 운다면, 주변 사람들은 당황할 테고 감정조절도 제대로 못하는 사람으로 오해할지 모릅니다.

혹은 친밀하지 않거나 신뢰하기 어려운 사람들과 함께 있을 때라면 어떻게 될까요? 마찬가지로 오해를 받거나 부정적인 인상을 줄지 모릅니다.

물론 그렇게 오해할 가능성이 있는 사람들이 당신에게 전혀 상관없는 사람들이라면 괜찮겠지요. 무슨 상관이겠습니까? 그건 어디까지나 당신의 선택입니다.

부작용 없이
감정을 해소하려면

안전한 상황인지부터
확인하라

그렇다면 부작용 없이 불쾌한 감정을 안전하게 해소하기 위해서는 어떻게 해야 할까요?

먼저 자신의 감정을 그대로 느끼고 표현해도 괜찮은 상황인지, 수용될 수 있는 상황인지를 확인하십시오. 안전하다고 느껴지는 상황에서만 접근적인 체험적 방법을 사용해야 합니다. 안전한 상황은 크게 두 가지로 구분할 수 있습니다. 혼자 있을 때와 신뢰할 수 있는 친밀한 사람과 함께 있을 때입니다.

혼자 있을 때는 어떤 행동을 해도 괜찮습니다. 그곳은 집이 될 수도 있고 아무도 없는 공터가 될 수도 있고 노래방이 될 수도 있습니다. 신뢰할 수 있는 친밀한 사람과 함께 있을 때도 괜찮습니다. 내 얘기를 진심으로 이해해주는 친구나 선배가 그런 사람일 수 있습니다.

물론 어디까지나 이 판단은 당신 스스로 해야 합니다. 당신의 감정에 다가가 그 감정을 알아차리고 느끼고 충분히 표현하여 발산해도 괜찮은 상황인지, 그렇게 하기에 안전한 상황인지는 당신만이 알 수 있습니다.

오리지널 감정을 찾아라

불쾌한 감정을 느끼고 있다면, 그 감정이 정말로 무엇인지, 오리지널 감정을 찾아야 합니다. 감정은 때로 두꺼운 옷을 입고 있기도 하고 전혀 다른 가면을 쓰고 나타나기도 합니다. 감정을 해소하기 위해서는 그 두꺼운 옷을 벗기고 가면을 벗겨 본래 감정의 모습을 드러나게 해야 합니다.

이해를 돕기 위해 감정을 몇 가지로 구분해 설명해 보겠습니다. 자극에 반응해서 자연스럽게 느끼는 감정을 '일차적 감정'이라고

합니다. 누군가 때리면 화가 나고 무언가를 잃어버리면 슬픕니다. 위험이 다가오는 듯하면 불안합니다.

이런 일차적 감정이 다른 감정의 가면을 써서 모습을 바꿨을 때, 이를 '이차적 감정'이라고 합니다. 실은 슬픈데 하하 웃고 있고 두려운데 화를 냅니다. 실은 화가 나는데 불안해하고 부끄러운데 화를 내기도 합니다.

일차적 감정이 그때그때 표현되어 해소되지 못하면 억눌린 채 표현될 기회만 엿보게 됩니다. 그러다가 이후 유사한 자극이 나타나면, 그 자극에 반응해 억눌러놓았던 감정을 덤터기 씌우듯 표현하는 것이지요.

이런 감정을 '부적응적인 일차적 감정'이라고 합니다. 예를 들면, 화날 만은 하지만 지나치게 화를 낸다거나 서운할 법하지만 과도하게 서운해하는 경우가 해당됩니다. 과거의 감정까지 두껍게 옷을 입고서 현재의 자극에 반응하고 있는 셈입니다.

예를 들어, 약속시간에 조금 늦은 친구에게 화가 날 수 있습니다. 그런데 지나치게 분노하고 있다면 친구로 인한 감정이 아닐 수 있습니다. 어릴 적에 바빠서 약속을 늘 지키지 못했던 아버지에게 쌓인 분노가 약속시간에 늦은 친구에게 덤티기 씌우듯 표현되고 있는 것이지요.

과거의 억눌린 감정이 묻어나오는 부적응적인 일차적 감정은 몇 가지 특징이 있습니다. 가장 큰 특징은 자극에 비해 지나치다는 점입니다. 또한 비슷한 감정 패턴이 반복되어 나타납니다. 다른 사람들에게는 '저번에도 그러더니 이번에도 또 그러네'라고 인식될 수 있습니다. 그리고 감정을 유발한 자극이나 상황이 이미 종료되고 사라졌는데도 계속 그 감정이 오래 남아 있다면 부적응적인 일차적 감정일 가능성이 큽니다.

따라서 감정을 제대로 해소하기 위해서는 오리지널 감정을 찾아야 합니다. 이차적 감정이라면 일차적 감정을 찾아야 하고, 부적응적인 일차적 감정이라면 원래의 자극이나 대상을 확인해서 그 당시에 느꼈던 감정을 느끼고 표현하도록 도와야 합니다.

예를 들어, 김 과장이 자신을 내칠지도 모른다는 두려움을 느끼고 있는 박 대리가 주변 사람들에게 김 과장 욕을 하고 화를 표현해 보았자 불쾌감은 해소되지 않습니다. 바로 김 과장과의 관계에 대한 두려움을 느끼고 표현해서 다루어야 합니다.

또한 약속시간에 늦은 친구에게 아무리 서운한 감정을 표현해 보았자 해소될 리 없습니다. 그 감정의 원래 출처였던 아버지에 대한 분노 감정을 느끼고 표현하여 해소해야 합니다.

감정을 효과적으로
해소하는 4단계

1단계 :
감정을 명명하라

1단계를 거친 다음 바로 3단계로 들어왔다면 다시 감정을 명명하는 단계를 거칠 필요는 없습니다. 이미 1단계에서 감정을 명명했을 테니까요. 그러나 상황이 여의치 않아 2단계 주의분산적 방법을 거쳐 3단계로 들어왔다면 다시 감정을 명명하는 단계를 밟는 것이 좋습니다.

2단계 :
감정을 느끼고 표현하라

그렇게 감정을 알아차리고 명명했다면 그 감정을 그대로 느끼면서 따라가십시오. 느껴지는 감정, 충동이나 생각을 말과 행동으로 표현하십시오. 불쾌한 감정에 주의를 집중하고 계속 따라가는 것이 가장 중요합니다. 감정에 주의를 주다가 다른 생각을 하는 것은 효과적이지 않습니다. 감정을 해소하는 작업을 시작했다면, 온전히 그 감정에만 집중하고 당신에게서 일어나는 반응들을 그대로 따라가십시오.

감정을 말과 행동으로 표현하라

감정을 속으로 느끼는 것과 소리 내어 "어휴, 화나"와 같이 표현하는 것은 굉장히 다릅니다. 전자는 해소의 효과가 없지만 후자의 경우 해소가 됩니다. 소리를 내지 못하는 경우에는 글로 쓰는 것이 효과적인 대안입니다. 말이나 글로써 안에 있는 감정과 생각을 밖으로 꺼내 표현하는 것이 해소의 핵심 과정입니다.

방석이나 쿠션을 활용하라

혼자 있을 때, 방석이나 쿠션을 앞에 두고 불쾌한 감정을 유발한 대상이라고 가정하십시오. 방석이나 쿠션을 향해 당신의 감정을

느끼는 대로 표현하십시오. 이때 상대방이 듣고 있는지 듣지 않고 있는지 선택하는 것은 당신의 자유입니다.

나 대리는 퇴근하고 집에 돌아왔습니다. 마침 아무도 없어 방으로 들어가 쿠션과 방석을 앞에 놓았습니다. 나 대리는 쿠션과 방석을 김 실장이라고 생각하기로 했습니다. 그리고 가슴속에 쌓인 얘기를 퍼붓기 시작했습니다.

"김 실장. 말 놓을게. 나도 너무 열 받아서. 정말 당신 때문에 너무 스트레스 받아. 스트레스 받아서 미쳐버릴 것만 같아. 너무 화가 나. 요즘엔 우울증 약까지 먹는다고. 정말 우울하고 무기력해. 오늘도 아파서 늦은 거잖아. 그렇다고 출근 시간을 어긴 것도 아닌데 그렇게 비아냥거리다니. 내가 얼마나 기분 나쁜 줄 알아? 무시당한 것 같단 말야. 비참하다고. 너무 자존심 상해."

이처럼 자신의 감정에 계속 집중하면서 말로 표현하십시오.

충분히 해소될 때까지 감정에 집중하며 표현하라

감정마다 쌓인 정도가 다릅니다. 감정은 그것이 발생했던 배경에 따라 그 양이 다르고, 모습이 다릅니다. 따라서 모든 감정이 단순히 느끼고 표현한다고 해서 바로 해소되는 것은 결코 아닙니다. 어떤 감정은 그저 소리 내어 "나 당신에게 화나고 서운했어"라고 표현하는 것만으로도 해소되는 느낌을 받을 수 있습니다.

그러나 수십 년간 묵힌 오래된 감정은, 표현하면 조금씩 해소되는 듯하지만 여전히 남아 있음을 느낄 수 있습니다. 그러니 그 감정에 집중하며 충분히 해소될 때까지 계속 감정을 따라가며 표현하십시오. 또한 오랫동안 묵힌 감정은 한 번의 해소 작업으로는 충분치 않습니다. 여러 번의 해소 작업을 반복해야 합니다. 그렇게 매번 조금씩 덜어내면서 마음에 쌓인 감정의 짐 덩어리들을 점차 작게 만들 수 있습니다.

3단계 :
감정과 만나라

항상 그런 것은 아니지만, 느끼고 표현하다 보면 더욱 감정이 올라올 때가 있습니다. 화가 치밀어올라 터뜨리고 싶기도 하고 슬픔에 북받쳐 울고 싶을 수도 있습니다. 그럴 때는 가슴이 원하는 대로 따르십시오. 때리고 싶다면 방석을 내리쳐서 치미는 화를 해소할 수 있습니다. 슬픈 감정이 북받치면 그대로 울어버리십시오. 울고 싶은 만큼 우십시오. 감정을 표현하는 과정에서 올라오는 충동을 그대로 따라 표출하면 감정은 해소됩니다.

김 실장에게 감정을 표현하다 보니 나 대리는 속에서 울컥하며 분노가 치밀어 오르기 시작했습니다. 가슴이 답답하고 주먹에는 힘이 들어갔습니다. 양손에 쿠션을 들고 방석을 힘껏 내리치기 시

작했습니다. 그러면서 계속 감정에 집중하며 소리쳤습니다.

"정말 화가 난다고! 네가 잘났으면 얼마나 잘났니? 그렇게 사람을 무시하면 기분이 좋니? 너 때문에 내가 얼마나 힘든데! 정말 화가 나!" 계속 방석을 때리다 보니 힘들고 서러웠던 감정이 북받쳐 눈물이 나왔습니다. 그렇게 울면서 한참을 때리고 나니 감정이 가라앉는 것을 느꼈습니다. 뭔가 시원하고 해소되는 듯한 느낌이 들었습니다. 나 대리는 이제 그만 때리고 싶어졌습니다.

4단계 :
감정을 받아들이라

이와 같이 불쾌한 감정들이 해소되면, 그 감정을 자연스럽게 받아들이게 됩니다. 스트레스 상황과 그 감정을 수용하는 단계에 이릅니다. 수용하게 되는 순간, 새로운 욕구와 새로운 감정이 생기고 새로운 생각이 떠오릅니다. 감정이 궁극적으로 해소되고 소설되는 순간입니다.

나 대리는 이제 괜찮은 것 같았습니다. 뭔가 시원하고 차분해지는 느낌이 들었습니다. "그래, 어쩌겠어? 너는 실장이고 나는 대리인걸. 너의 못돼먹은 성격을 어쩌겠어? 너도 그러고 싶어서 그러는 건 아닐 거야. 너도 참 힘들 거야."

안전한 상황이 아니라면
안전한 방식으로

감정을 해소하는
다른 방법

발생한 감정을 그대로 느끼고 표현하며 발산하는 접근적인 체험
적 방법을 부작용 없이 사용해 효과를 얻기 위해서는 반드시 안전
한 상황에 있어야 합니다. 그러나 안전한 상황을 찾기란 쉽지 않
습니다. 직장에서는 말할 것도 없고 버스나 지하철 같은 공공장소
에서도 마찬가지입니다. 집에 돌아오면 가족들이 있습니다. 방에
들어간다 해도 언제 누가 들어올지 모릅니다. 방문을 잠그더라도,
감정을 표현하는 과정에서 나오는 소리가 방문 밖으로 흘러나갈
가능성이 큽니다.

　그렇다면 어떻게 해야 할까요? 대안적인 방법을 통해 스트레스와 불쾌한 감정을 안전하게 해소할 수 있습니다.

　감정을 해소하는 원리는 하나입니다. 발산시키는 것입니다. 발산이란 마음속에 억눌러 쌓아놓은 감정이나 충동을 밖으로 꺼내 분출시켜 덜어내는 과정입니다.

　직접 감정을 느끼고 표현하고 해소하는 방법을 대체할 수 있는 방법으로 가장 효과적인 것이 글쓰기입니다. 그 밖에 운동·노래·춤 등이 있습니다. 무엇을 하든지 불쾌한 감정에 집중하면서 그 감정을 분출하는 의식을 행하십시오. 감정을 직접 말과 행동으로 표현하여 해소하는 만큼은 아니더라도, 이에 준하는 체험적 해소의 효과를 얻을 수 있습니다.

글쓰기로
감정 해소하기

감정을 궁극적으로 해소하는 대안법들 가운데 평소에 가장 잘 활용할 수 있는 방법이 글쓰기입니다. 직장에서는 옆에 직원이 있고, 집에 갔더니 가족이 있습니다. 이처럼 내 감정을 마음껏 표현하고 꺼내놓을 수 있는 기회는 쉽게 포착되지 않습니다.

　그러나 글쓰기는 언제 어디서든 손쉽게 할 수 있습니다. 예를 들어, 직장에서는 모니터에 한글 파일을 띄워서 할 수 있고, 버스나 지하철에서는 휴대전화의 메모장을 이용할 수 있습니다. 집에서도 수첩이나 빈 종이에 글을 쓸 수 있습니다. 회의 중이라면 가지고 간 노트에 글을 긁적일 수 있습니다. 글쓰기는 언제 어디서나 할 수 있습니다.

손가락에 목소리를 담아서 감정과 충동을 표현하라

감정을 느끼고 표현하여 발산하는 과정에서 가장 중요한 점은 소리 내어 말하고 행동으로 표현하는 것이라고 앞에서 배웠습니다. 글쓰기로 이 작업을 할 때는 손가락에 목소리를 담아 글로 표현하는 것입니다. 손가락에도 감정을 실어 표현하십시오. 종이나 컴퓨터 화면은 감정을 꺼내놓을 수 있는 훌륭한 여백입니다. 감정에 집중하여 그 감정이 느껴지는 대로, 표현하고 싶은 대로 글을 써 보세요.

다시 보지 말고 폐기하라

글을 통해 해소했다면, 써놓은 것을 읽어보지 마십시오. 한글 파일이나 메모장에 썼다면 삭제하십시오. 종이에 썼다면 찢어버리십시오. 이것은 배설과 비슷한 작업입니다. 토해놓은 것을 다시 보는 것은 불편하고 역거운 일입니다. 변기에 토했다면, 바로 밸브를 눌러 물을 내려야 합니다.

완성된 글을 쓰려 하지 마라

이 방법은 일기 쓰기와 다릅니다. 일기 쓰기는 생각을 정리하는 인지적 작업에 해당합니다. 그것은 체험적인 해소 과정이 아닙니다. 감정 해소를 목적으로 글을 쓸 때는 그저 마음속에 떠오르는 대로 손을 움직이십시오. 우리의 마음은 논리적이지도 않고 앞뒤가 맞지도 않습니다. 매 순간 감정은 변화하고 떠오르는 생각도 변화합니다.

따라서 주어나 동사를 빠뜨려도 좋습니다. 오타가 나도 상관이 없고 문맥이 맞지 않아도 괜찮습니다. 누군가에게 보여주기 위해서 쓰지 마십시오. 소리를 지르고 싶다면 "야!" 하고 소리를 지르듯 반복해서 쓰십시오. 욕을 하고 싶다면 마음껏 글로 욕을 하십시오. 화를 내고 싶다면 손가락에 힘을 주고, 펜에 힘을 주십시오.

김 실장한테 스트레스를 받은 나 대리는 자기 자리로 돌아와 한글 파일을 띄웠습니다. 그리고 자신의 감정에 집중하면서 손에 힘을 실어 그 감정을 글로 표현하기 시작했습니다.

'정말 화가 나 미치겠다. 정말 스트레스 받이. 아 진짜. 아 진짜 화가 나. 화가 나 미치겠다. 김 실장이 어떻게 나에게 그럴 수가 있어. 정말 한 대 쥐어박고 싶다. 치고 싶이. 야! 아! 너 진짜 죽어볼래? 니가 그러고도 사람이야? 아 진짜 열 받아.'

한 5분쯤 실컷 욕하고 나니까 기분이 나아졌습니다. 그러고 나서 나 대리는 자신이 쓴 글을 읽지 않고 바로 파일을 폐기했습니다.

운동, 춤, 노래로
감정 풀어내기

운동을 할 때도 스트레스를 받은 상황과 그 감정에 집중하면서, 쌓인 감정이나 충동을 몸에 실어 밖으로 내뿜는 느낌으로 하십시오. 글쓰기와 마찬가지로 운동을 정확하게 잘하려고 생각하지 마십시오. 감정을 해소하기에 적절한 운동은 달리기·줄넘기·자전거 타기·권투·테니스 등입니다.

나 대리는 평소 다니던 체육관에 가서 권투 글러브를 끼었습니다. 샌드백을 김 실장이라고 생각하고, 때리고 또 때렸습니다. 속에 있던 말도 꺼냈습니다. "야! 너나 잘해. 너 때문에 내가 미치겠다." 실컷 샌드백을 치고 나니 기분이 한결 풀렸습니다.

또 춤을 추거나 노래를 부를 때, 감정에 집중하면서 그것을 몸을 통해 또 목소리를 통해 표출한다고 생각하면서 하십시오. 춤과 노래가 감정 해소 방법으로 사용될 때는 결코 잘 출 수도 잘 부를 수도 없습니다. 이른바 막춤이 되는 것이고, 마구 소리를 내지르며 부르는 노래가 될 수밖에 없습니다.

혹은 집에 쌓여 있는 신문지를 활용할 수도 있습니다. 작정하고 신문지를 찢으면서 쌓인 감정을 분출할 수 있습니다. 이때 쌓인 감정과 속마음을 말로 함께 표현하면 더욱 효과적입니다.

악기를 활용할 수도 있습니다. 북이나 드럼을 두드리면서 쌓인 감정을 밖으로 분출하는 것입니다.

나 대리는 퇴근 후 친한 동료 몇몇과 노래방에 갔습니다. 마음 껏 소리를 지를 수 있는 인순이의 〈밤이면 밤마다〉, 자우림의 〈매 직 카펫 라이드〉를 연속으로 신청해서 목청이 터져라 불렀습니다. 김 실장에게 받은 스트레스를 날려버리자는 마음이었습니다. 실 컷 몸도 흔들어댔습니다. 동료들 역시 직장에서 받은 스트레스를 춤과 노래로 풀며 광란의 저녁을 보냈습니다. 기분이 풀리고 시원 해지는 것 같았습니다.

생각으로 다지며
마무리하라

감정은
생각 때문이다

우리는 스트레스 자극이나 상황에 대해 어떤 생각을 했기 때문에 감정을 느낍니다. 그런데 많은 사람들은 불쾌한 감정을 경험할 때 "상황이 그러했기 때문이야" "저 사람이 나를 화나게 했어"라고 말합니다. 그러나 이는 틀린 말입니다. 우리가 감정을 느끼는 것은 자극이나 상황 자체 때문이 아니라 그것을 해석하는 방식 때문입니다.

진이는 윤아와 만나기로 하고 약속 장소에 갔습니다. 그런데 윤아는 15분 뒤에 나타났습니다. 이때 진이가 만약 '나를 무시하니까 나와의 약속도 우습게 보고 늦은 거야'라고 생각한다면, 화가 납니다. 그러나 '차가 막혀서 늦었겠지'라고 생각하면 화가 나지 않습니다. 이처럼 윤아가 늦은 상황 자체가 아니라 그 상황에 대한 생각이 특정 감정을 유발하는 것입니다. 즉 생각을 어떻게 하느냐에 따라 우리의 감정이나 행동 또한 달라질 수 있습니다.

생각을 바꾸면 감정도 달라지므로 이럴 때는 '나를 무시해서 늦은 거야'라는 생각을 '차가 막혀서 늦었겠지'라고 바꾸면 화가 누그러질 것입니다.

$$A \rightarrow B \rightarrow C$$

(상황)　(생각)　(감정)

A: 　윤아가 약속시간에 15분 늦었다.

B: 　'나를 무시해서 늦은 거야.'

C: 　진이는 화가 난다.

A: 　윤아가 약속시간에 15분 늦었다.

B-1: '차가 많이 막혀서 늦었겠지.'

C-1: 진이는 화가 나지 않는다.

감정을 유발한
생각 찾기

감정의 원인이 되는 생각을 '자동적 사고automatic thought'라고 합니다. 자극에 반응해서 자동적으로 떠오르는 생각이기 때문입니다. 언어나 심상의 형태로 갑자기 순식간에 스쳐 지나가듯 떠오르기 때문에, 곰곰이 찾아보지 않으면 알아차리기가 힘듭니다. 그래서 우리는 감정의 원인이 딱히 있지 않다고 생각하게 됩니다.

그러나 감정의 변화를 경험했다면, 그 순간 당신은 인식하지 못해도 반드시 감정을 유발한 자극이 있고 그 자극에 대해 스쳐 지나가듯 떠오른 생각이 있습니다. 감정에는 반드시 원인이 있습니다. 단지 모르고 있을 뿐입니다. 감정을 유발한 생각을 찾는 방법은, 감정의 변화가 있는 그 순간 머릿속에서 어떤 생각이 스쳐 지나갔는지 스스로에게 물어보는 것입니다.

실습 7. 감정 원인 찾기

1. 불쾌한 감정을 경험한 상황을 구체적으로 적으십시오.

예) 내가 제출한 보고서에 김 실장님이 승인을 해주지 않았다.

2. 그 상황에서 느껴졌던 감정들을 명명하십시오.

예) 불안, 초조

3. 그 감정이 들었던 순간, 당신의 머릿속에는 어떤 생각이 스쳐 지나갔습니까?

예) 내가 또 뭘 잘못했나?

감정을 느낀 상황, 그때 느낀 감정, 그 감정의 강도와 머릿속에 스친 생각을 아래 표에 기입해 봅니다.

날짜 (요일)	상황	감정 (강도 %)	생각: 자동직 사고 (확신의 정도 %)
7월 5일 (월요일)	김 실장이 내가 제출한 보고서를 돌려주면서 "생각 좀 하며 쓰자"라고 말했다.	화 (60)	나를 무시한다 (60)

동일한 상황에서 여러 감정을 느낄 수 있고 매 순간 감정이 변할 수 있습니다. 동일한 상황이더라도 각 감정의 원인이 되는 생각은 각기 다르다는 점을 참고하세요. 원인을 찾는 작업은 쉽지 않으므로 반복 훈련을 해야 합니다.

각 감정에 대해 그 순간 떠오른 생각을 찾았다면, 거꾸로 그 생각을 먼저 떠올리고 그 다음 해당 감정이 느껴질 만한지 판단하십시오. 만약 생각과 감정 순서의 고리가 납득가지 않는다면, 원인이 되는 생각을 잘못 찾은 것입니다.

그렇다면 다시 찾으십시오. 납득이 갈 만한 생각을 찾아 보세요. 앞의 예에서는 '나를 무시한다'라는 생각을 찾았습니다. 그래서 거꾸로 연결시켜 보았습니다. '나를 무시한다고 생각하니까 화가 났구나'라고 맞춰 보니 납득이 갑니다. 그렇습니다. 김 실장의 행동이 자신을 무시하는 거라는 생각을 하니까, 나도희 대리는 기분이 나쁘고 화가 났던 것입니다.

부정적인 생각은 인지적 오류 때문

불쾌한 감정을 느끼는 것은 부정적인 자동적 사고를 하기 때문입니다. 스트레스를 자주 받고 쉽게 불쾌한 감정을 느끼는 분들은

부정적인 자동적 사고를 자주 하고 있는 셈입니다. 그렇다면 왜 우리는 자꾸 부정적인 자동적 사고를 하는 것일까요?

인지적 오류 때문입니다. 생활 속에서 다양한 자극이나 대상, 상황에 대해 해석하는 과정에서 논리적인 잘못, 즉 인지적 오류를 범하는 것입니다. 부정적인 방향으로 왜곡하고 과장되게 지각하기 때문에 자주 우울하고 불쾌하고 화가 나는 감정을 느낍니다.

다음은 인지적 오류[6]의 종류들입니다.

전부 아니면 전무의 사고

흑백논리나 양극단적·이분법적 사고를 말합니다. 생활 사건의 의미를 '모 아니면 도' 식으로 해석하는 오류이지요. '완벽하게 성공하지 못하면 실패한 것이다' '나를 좋아하지 않으면 싫어하는 것이다'와 같은 생각입니다. 양극단으로 나누어 생각하니 조금만 기준에 미치지 못해도 쉽게 절망하고 슬퍼합니다.

그런데 세상에 이것 아니면 저것으로 나눠질 수 있는 게 얼마나 될까요? 100을 채우지 못했다면 과연 실패한 것일까요? 아무것도 하지 않은 것일까요?

---

6) 《정서 소설 코징북》의 '인지적 오류의 종류' 부분을 요약했습니다.

과잉일반화

한두 번의 사건에 근거해 일반적인 결론을 내리고 무관한 상황에
도 그 결론을 적용하는 오류입니다. 예를 들어, 좋아하는 여성에
게 마음을 고백했는데 거절을 당했습니다. 이때 '여자들은 나를
싫어해'라고 일반화해 생각하는 경우입니다. "항상 그래" "다 그
래"라는 말을 입에 달고 사는 분들은 과잉일반화의 오류를 범하고
있는 셈입니다.

의미 확대와 의미 축소

어떤 사건의 의미나 중요성을 실제보다 지나치게 확대하거나 축
소하는 오류입니다. 불쾌한 감정을 자주 느끼는 사람은 자신의 단
점이나 약점, 부정적인 피드백을 매우 중요한 것으로 확대해서 해
석하곤 합니다. 반면 자신의 장점이나 긍정적인 피드백은 별것 아
닌 것처럼 과소평가합니다.

정신적 여과 또는 선택적 추상화

어떤 상황에서 일어난 여러 가지 일 가운데 일부만을 뽑아서 상황
전체를 판단하는 오류입니다. 예를 들어, 수업 시간에 발표를 하
는데 몇 사람이 졸고 있었습니다. 발표가 끝난 다음 긍정적인 피
드백이 많았음에도 불구하고, 졸고 있는 몇 사람에 근거해서 '내
발표는 지루했어. 나는 발표를 못했어'라고 결론 내립니다.

개인화

자신과 무관한 사건을 자신과 관련된 것으로 잘못 해석하는 오류입니다. 참으로 많은 사람들이 개인화의 오류를 범하곤 하는데, 아마도 세상의 중심이 자신이기 때문 아닐까요? 예를 들어, 사무실에 들어갔는데 동료 몇 명이 수다를 떨며 웃고 있는 모습을 보고 '내 얘기를 하는 것 아냐?'라고 생각합니다. 혹은 직원들의 근무 태도가 마음에 들지 않는다는 상사의 말에 '나를 겨냥해 하는 얘기인 게 틀림없어'라고 생각합니다.

재앙화

미래에 대해 극단적으로 부정적인 예상을 하는 것을 말합니다. 예를 들어, 승진을 위한 영어 시험을 잘 치르지 못한 것에 대해 '난 이제 망했어' '이제 모든 게 끝이야'라고 절망합니다.

감정적 추론

충분한 근거 없이 막연히 느껴지는 감정에 근거해 결론을 내리는 오류입니다. 예를 들면, 왠지 기분이 좋지 않을 때 '뭔가 심상치 않아. 일이 잘못된 게 틀림없어'라고 생각합니다.

독심술적 오류

다른 사람의 마음을 함부로 추측하고 단정하는 것을 말합니다. 예를 들어, 충분한 근거도 없이 '분명히 나를 골탕 먹이려고 그렇게 했을 거야' '저 사람은 나를 무시하고 있어'라고 생각합니다.

실습 8. 인지적 오류 찾기

1. 불쾌한 감정을 경험한 상황을 구체적으로 적으십시오.

예) 내가 제출한 보고서에 김 실장님이 승인을 해주지 않았다.

2. 그 상황에서 느껴졌던 감정들을 명명하십시오.

예) 불안, 초조

3. 그 감정이 들었던 순간, 당신의 머릿속에는 어떤 생각이 스쳐 지나갔습니까?

예) 내가 또 뭘 잘못했나?

4. 그 생각에 인지적 오류가 작용했다면, 어떤 오류입니까?

다음과 같이 표로 나타낼 수도 있습니다. 빈 칸에 적어 보세요.

날짜 (요일)	상황	감정 (강도 %)	생각: 자동적 사고 (확신의 정도 %)	인지적 오류
7월 5일 (월요일)	동료가 일을 제대로 마무리하지 않고 넘겼다.	화 (70)	그는 항상 그래. 제대로 일을 하는 법이 없어.	과잉일반화

불쾌한 감정에 대해 호소할 때, 많은 이들이 그렇게밖에 느껴질 수 없다고 강력하게 주장합니다. 자신이 느끼고 있는 불쾌한 감정의 타당한 근거로 그 일은 그렇게밖에 해석될 수 없는 것이라고 말합니다.

그런데 만약 불쾌한 감정의 원인이 되는 부정적인 자동적 사고에 인지적 오류가 작용했다면, 그렇게 생각하지 않을 수도 있는 일이었습니다. 즉 자극이나 대상에 인지적으로 왜곡되게 반응함으로써 그러한 생각을 하게 된 것이니, 왜곡을 범하지 않았다면 달리 생각했을 수도 있는 것이지요. 대안적인 생각이 가능하다는 말입니다.

부정적인 생각은
역기능적 신념때문

우리는 성장하면서 다양한 경험을 통해 자신과 타인, 세상에 대한 믿음을 형성합니다. 이러한 핵심 믿음은 우리 삶의 다양한 영역에 영향을 미칩니다. 그리고 이 가운데 심리적 건강과 적응에 도움이 되지 않는 방향으로 영향을 미치는 믿음을 '역기능적 신념'이라고 합니다.

이런 역기능적 신념으로 인해 부정적인 자동적 사고가 발생해서 불쾌한 감정을 자주 느끼게 되는 것입니다. 만약 '나는 무능하다'라는 믿음을 가지고 있는 사람이라면, 상사가 다른 동료 직원에게 일을 시키는 것을 볼 때 '내가 일을 못하니까 그에게 일을 준 거야'라고 생각합니다. 또한 보고서에 약간의 문제가 있어서 동료가 지적해 준 것을 '내가 일을 못하니까 나를 무시하는 거야'라고 해석합니다.

다음은 부정적인 감정을 유발할 수 있는 핵심 믿음들, 즉 역기능적 신념 목록입니다. 당신에게 해당하는 항목을 체크해 보세요. 그런 다음 체크한 항목들을 모아 다시 적어 보시기 바랍니다.

천천히 읽어보면, 당신이 어떤 주제와 어떤 영역에 특히 민감한지 파악할 수 있습니다. 즉 당신은 그 부분을 중요하게 생각하고 그 부분에 쉽게 동요되고 불쾌한 감정을 느끼는 것입니다.

다음은 당신을 이해하고 당신의 믿음들을 다시 점검하는 데 중요한 도움이 될 것입니다.

역기능적 신념 목록[7]

1. 수용

- 다른 사람들은 나를 거절할 것이다. ☐
- 사랑받지 못한다면 나는 아무것도 아니다. ☐
- 비난을 한다는 것은 나를 거부하는 것이다. ☐
- 나는 항상 다른 사람들을 즐겁게 해야 한다. ☐
- 다른 사람들은 나를 좋아하지 않을 것이다. ☐
- 아무도 나를 이해하지 못할 것이다. ☐
- 사람들에게 좋은 인상을 주어야 한다. 그렇지 않으면 그들은 날 싫어할 것이다. ☐

2. 능력

- 만일 실수한다면 나는 실패할 것이다. ☐
- 인생에는 오직 승자와 패자만 있다. ☐
- 성공하지 못한다면 나는 인생을 낭비한 것이다. ☐

---

[7] 《성서 조절 코칭북》의 '역기능적 신념 목록' 부분을 발췌했습니다.

- 다른 사람들만큼 잘하지 못한다면 나는 열등한 것이다. ☐
- 다른 사람이 성공한다면 나는 그만큼 실패한 것이다. ☐
- 내가 시도하는 어떤 일이라도 잘할 수 있어야 한다. ☐
- 나는 남들보다 항상 우월해야 한다. ☐

3. 통제

- 모든 것이 내 뜻대로 되어야 한다. ☐
- 내 문제를 해결할 수 있는 유일한 사람은 나 자신이다. ☐
- 누군가와 너무 가까워진다면 그는 나를 통제할 것이다. ☐
- 세상은 내가 원하는 방식대로 돌아가야 한다. ☐
- 나는 항상 통제력을 가지고 있어야 한다. ☐
- 감정을 드러내서는 안 된다. ☐
- 결코 실수를 해서는 안 된다. ☐
- 완벽하게 하지 않으면 뭔가 잘못될 것이다. ☐

4. 사회적 자기

- 나는 남들에게 좋은 인상을 주지 못한다. ☐
- 다른 사람들은 나를 사교성이 부족한 바보 같은 사람으로 생각할 것이다. ☐
- 나는 사회적 상황에서 제대로 처신하지 못하는 바보다. ☐
- 나는 대인관계에서 무능한 사람이다. ☐

5. 타인으로부터의 인정과 평가

- 나는 항상 남들에게 인정받아야 한다. ☐

- 다른 사람들에게 좋은 인상을 주어야 인정받을 수 있다. ☐
- 다른 사람들이 나에 대해 어떻게 생각하느냐가 나에겐 매우 중요하다. ☐
- 남들로부터 인정을 받는다는 것이 내게는 매우 중요하다. ☐
- 다른 사람이 나를 싫어한다면 나는 견딜 수 없다. ☐
- 나는 남들에게 완벽하게 보여야 한다. ☐
- 다른 사람의 관심을 얻기 위해 나는 항상 완벽해야 한다. ☐

6. 대인관계

- 모든 사람은 공격적이고 비판적이다. ☐
- 사람들은 모두 남의 말을 하기 좋아하고 상대방에게 진정한 관심이 없으며
  거부적인 속성을 가지고 있다. ☐
- 내 자신의 모습, 특히 결점이나 허점을 남들에게 있는 그대로
  보여서는 안 된다. ☐
- 사람들은 상대방이 허점을 보이면 그 사람을 멀리한다. ☐
- 다른 사람들과 같이 있을 때 그들을 즐겁게 할 책임은 주로 나에게 있다. ☐
- 세상은 믿을 만한 곳이 아니다. ☐
- 도움을 요청하는 건 내가 약하다는 것을 의미한다. ☐
- 어른들은 완전해야 한다. ☐

7. 기타

- 나의 모습을 바꿀 수 없다. ☐
- 스스로 즐기기 위해 다른 사람들은 필요치 않다. ☐
- 세상은 공평해야 한다. ☐
- 내가 좋아지면 나의 창의성을 잃게 될 것이다. ☐

나의 핵심 믿음 리스트

당신이 가진 믿음에 해당되는 것을 모두 적어 보세요.

1. ....
2. ....
3. ....
4. ....
5. ....
6. ....
7. ....
8. ....
9. ....
10. ....

나의 핵심 믿음 분석

당신의 핵심 믿음들의 공통점을 찾아 보세요. 그것이 무엇인지 분

석해 적어 보세요.

....

....

생각을 바꾸면
감정도 변한다

우리는 부정적인 자동적 사고가 인지적 오류로 인해 발생했음을 확인했습니다. 이는 자극이나 상황을 해석하는 과정에서 왜곡을 범했다는 뜻입니다. 따라서 부정적인 생각이 든다면 그것이 타당한지, 현실적인지, 효과적인지 검증해 보세요. 만약 타당하지 않거나 현실적이지 않거나 당신이 원하는 것을 얻는 데 효과적이지 않은 생각이라면, 달리 생각해 볼 수 없는지 찾아보시기 바랍니다.

'좀 더 타당한 방식의 생각은 없을까?' '좀 더 현실적이고 긍정적인 방식으로 생각할 수 없을까?' '나에게 좀 더 도움이 되는 방향으로 생각해 볼 수는 없을까?'

이제부터는 불쾌한 감정을 유발했던 부정적인 생각들을 좀 더 합리적이고 대안적인 생각으로 바꾸는 작업을 해보겠습니다. 다음의 두 가지 질문은 대안적인 생각을 찾아내는 데 보다 효과적입니다. 스스로에게 다음과 같이 질문해 보세요.

나라면 어떻게 조언할까?

사람들은 자신의 부정적인 생각에는 다른 대안적인 생각을 떠올리지 못합니다. 하지만 다른 사람에게는 "왜 그렇게 생각해?" "이렇게 생각해 보면 어때?" "이런 것일 수도 있는데"라며 조언을 잘

해줍니다. 따라서 다른 사람에게 조언을 해준다고 상상하면, 대안 적인 생각을 떠올릴 수 있습니다.

어떻게 생각해야 내게 이로울까?

감정을 느끼는 것은, 원하는 바가 있기 때문입니다. 따라서 어떻게 생각해야 원하는 바를 이루는 데 도움이 될지를 생각하면, 대안적인 생각을 떠올리기가 좀 더 용이합니다. 당신은 당신이 원하는 것을 이루고 싶지 않습니까? 그렇다면 과연 어떻게 생각하는 것이 당신에게 도움이 될까요?

실습 9. 감정의 원인이 되는 생각을 바꿔라

1. 불쾌한 감정을 경험한 상황을 구체적으로 적으십시오.
예) 내가 제출한 보고서에 김실장님이 승인을 해주지 않았다.

2. 그 상황에서 느껴졌던 감정들을 명명하십시오.
예) 불안, 초조

3. 그 감정이 들었던 순간, 당신의 머릿속에는 어떤 생각이 스쳐 지나갔습니까?

예) 내가 또 뭘 잘못했나?

4. 달리 어떻게 생각할 수 있을까요?

예) 김실장님이 무척 바쁘셔서 아직 보지 못했겠지.

다음과 같이 표로 나타낼 수도 있습니다. 빈 칸에 적어 보세요.

날짜 (요일)	상황	감정 (강도 %)	자동적 사고 (확신의 정도 %)	대안적 사고	감정 (강도 %)
10월 11일 (월요일)	회식 끝나고 전화 한다던 남자친구 에게서 전화가 오지 않았다.	서운함 (70) 불안 (80)	내게 싫증난게 틀림없어.(80) 이러다 헤어지는 거 아냐?(70)	전화를 걸 수 있는 기회를 놓쳤을 거야. 상황이 여의치 않았겠지.	안도감 (60)

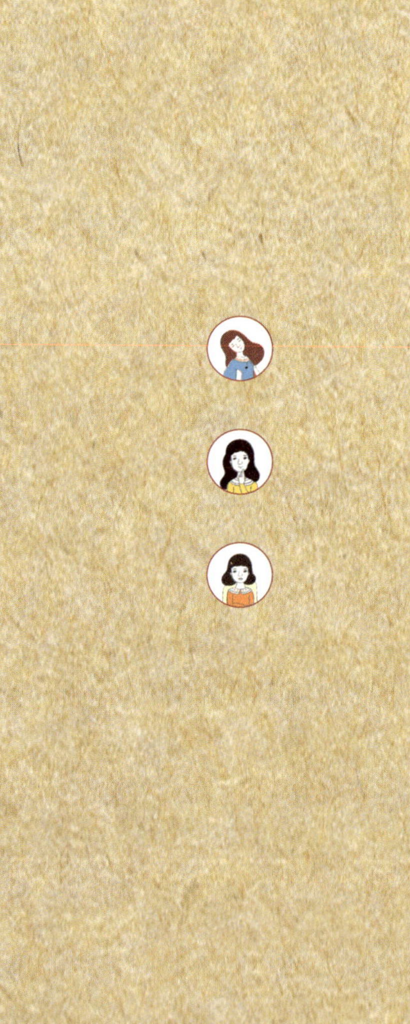

7

남에게 상처주지 않고
내 감정 전달하기

당신은 불쾌한 감정을
어떤 식으로
표현하겠습니까?

- □ 상대에게 달려가 조목조목 따져야지요.

- □ 우선 화를 풀고 나서 내 감정이 어떤지 표현하겠어요.

감정을 해소하고 나서
전달하라

감정은 꼭
전달해야 할까

며칠 전 하늘 씨는 김 과장으로 인해 감정이 상하는 일이 있었습니다. 그날도 김 과장은 하늘 씨를 불러다 놓고 이것저것 지적하며 잔소리를 늘어놓았습니다. 하늘 씨는 김 과장의 말에 조금씩 대꾸하기 시작했습니다. "그건 아니죠. 그걸 어떻게 해요?" 그러자 어느 순간 김 과장의 언성이 높아지더니 하늘 씨에게 소리를 지르기 시작했습니다. 하늘 씨는 깜짝 놀라고 당황스러웠습니다. 그리고 속에서 뭔가 울컥하고 올라왔습니다.

김 과장이 말했습니다. "가정교육을 제대로 못 받은 모양이야."

순간 아무 대꾸도 못했지만 김 과장이 부모님을 욕한 것 같아 몹시 불쾌했습니다. 게다가 평판이 좋지 않은 옆 부서 직원에 비유하며 하늘 씨를 비난했습니다. 하늘 씨도 욕을 했던 직원인데, 평소 일을 열심히 하는 하늘 씨로서는 그 직원과 동급으로 취급당한 것 같아 자존심이 상했습니다.

그날 이후 하늘 씨는 가슴이 답답하고 화가 나서 잠을 잘 수가 없었습니다. 이렇게 화나고 억울한 감정을 김 과장에게 어떻게 전달할 수 있을지, 하늘 씨는 어제도 오늘도 내일도 궁리합니다. 도저히 이렇게 조용히 넘어갈 수는 없을 것 같습니다. 그래서 하루에도 여러 번 김 과장에게 얘기하는 걸 상상하지만 차마 입을 열기도 어렵습니다. 그런데 얘기하지 않으면 도저히 상한 감정이 풀어지지 않을 것 같습니다.

"어떻게 하면 상대방에게 감정을 잘 표현할 수 있나요?"

상담 중 가장 자주 듣는 질문 가운데 하나입니다. 많은 분들이 자신의 감정을 조절하는 것보다는 상대방에게 어떻게 표현할 수 있을지에 더 관심을 갖습니다. 불쾌한 감정을 유발한 상대방에게 그 감정을 표현해야만 감정을 조절할 수 있다는 믿음 때문인 듯합니다. 상대방에게 전달해야만 힘든 감정에서 벗어날 수 있다고 생각하는 것 같습니다. 그렇기 때문에 상대방에게 내 감정을 표현하는 것이 무엇보다 중요한 문제가 되지요.

그런데 스스로도 압니다. 결코 쉬운 일이 아니라는 것을. 맞습

니다. 이 과정은 상당한 리스크를 동반합니다. 잘못했다가는 돌이킬 수 없는 감정의 극한 상태까지 치달을지도 모릅니다.

반면 관계가 좋아지는 경우도 있습니다. 친한 친구 사이에 서로 마음이 상한 감정이 있는데 모른 체하고 지낸다면, 관계는 피상적으로 흐르거나 멀어질지 모릅니다. 속마음을 터놓고 감정을 표현할 때, 갈등이 해소되면서 더욱 친밀한 관계로 발전할 수도 있습니다. 또는 서로 벽이 있었다면, 감정을 표현하는 과정이 벽을 허무는 기폭제로 작용하기도 합니다.

이 모든 가능성을 염두에 두고 감정을 표현할지 여부를 결정하세요. 어디까지나 당신의 선택입니다.

감정 전달을
결심했다면

리스크와 부작용을 고려했음에도 불구하고 감정을 전달하기로 선택했다면 다음을 기억하기 바랍니다. 효과적인 감정조절 4단계를 통해 반드시 감정 먼저 해소하십시오.

그 이유는 두 가지가 있습니다.

첫째, 하늘 씨가 만약 화를 낸다면 김 과장은 하늘 씨의 화내는 모습에 당황할 것입니다. 그리고 방어적으로 물러날 뿐 아니라 오히려 반격을 가해올지 모릅니다. 하늘 씨가 말실수라도 하면 꼬투리를 잡아서요. 하늘 씨가 말하고자 하는 내용은 귀에 들어오지 않습니다. 상사인 자신에게 화를 내는 모습이 괘씸하고 불쾌할 뿐입니다. 그래서 태도를 문제 삼아 화를 낼지 모릅니다.

둘째, 제대로 전달하기 위해서는 자신의 감정을 이해해야 합니다. 왜 그런 감정을 느꼈는지 원인을 먼저 알아야 합니다. 자신이 무엇을 원했는지도 이해하고 있어야 합니다. 그래야 상대방에게 당신의 감정을 이해시킬 수 있습니다.

그러니 감정을 전달하기 전에 먼저 자신의 감정을 해소하고 이해해야 합니다. 해소 먼저 하지 않는다면 상대방은 당신의 감정 상태와 태도에 주목할 것입니다. 당신이 전달하고자 하는 메시지는 주목받지 못합니다.

감정 전달 1단계 : 상대방의 입장에 대한 이해를 전달하라

이해받고 싶다면
먼저 이해하라

상대방에게 당신의 감정을 전달할 준비를 마쳤다면, 이제 그 효과적인 방법에 대해 살펴보겠습니다.

당신의 감정에 대해 얘기하기 전에 먼저 상대방의 감정을 이해하고 있음을 전달하십시오. 당신의 감정을 이해받고 싶다면 상대방의 감정을 먼저 이해해주십시오. 그것이 공감입니다.

공감은 상대방이 주관적으로 지각하는 바를 이해하고, 자신이 이해하고 있음을 전달하는 것입니다. 공감은 상대방의 입장과 경험을 존중하고 있음을 전달해 줍니다. 따라서 상대방은 자신이 이해받고 존중받는다고 느끼면, 조금씩 마음의 문을 열지 모릅니다.

그런 다음에는 '나 전달법I-message'을 사용해 "이러이러해서 나는 이런 감정이 들었어"라고 말합니다. 나 전달법은 상대방이 공격받는다고 지각하지 않게 만들기 때문에 효과적입니다. 단, 상대방의 입장에 대한 언급 없이 "나는 네가 한 행동에 대해 서운했어"라고 말한다면, 상대방은 자신의 입장이나 감정은 이해받지 못했다는 느낌이 들 수 있습니다. '네 감정만 중요해? 네가 어떻게 느끼는지만 알아야 해?'라고 생각할지 모릅니다.

따라서 당신이 상대방에 대해 충분히 이해하려 노력했음을, 이해하고 있음을 먼저 전달하십시오. 그럴 때 상대방은 당신에 대한 방어 자세를 풀지 모릅니다. 걸어 잠갔던 빗장을 풀지 모릅니다. 그때 당신의 얘기를 들을 여유가 생길 것입니다.

감정 전달 2단계 :
왜 그런 감정이 들었는지 전달하라

'나 전달법'으로
말하기

다른 사람에게 자신의 감정과 생각을 전달할 때, 흔히들 이렇게
말합니다. "네가 어떻게 그런 말을 할 수 있어?" "너 때문에 얼마
나 화가 났는지 몰라." 자신의 감정을 표현한다고 하지만 자세히
살펴보면 주어는 항상 '너'인 경우가 많습니다. 당신이 어떠하다
는 식이지요. 결국 자신의 감정을 표현하는 것이 아니라 상대방에
대한 얘기인 셈입니다. 그렇다면 한 번 확인해 봅시다.

최근 불쾌했던 감정을 느낀 상황을 떠올려 보십시오. 그때 당신이 불쾌한 감정을 느낀 대상이 누구였습니까? 그 사람에게 당신의 감정을 표현해 보시기 바랍니다.

1. 어떤 상황이었는지 구체적으로 기술해 보세요.

2. 당신을 불쾌하게 한 사람은 누구입니까?

3. 자, 이제 그 사람에게 당신의 감정을 표현해 보십시오.

4. 방금 쓴 문장들의 주어가 누구인지 찾아보십시오.

'너 전달법You-message'은 상대방에 대해서 얘기하는 것이므로 상대방은 긴장하게 되고 방어적이 됩니다. 따라서 당신 자신에 대한 이야기를 하십시오. 그것이 '나 전달법I-message'입니다. 주어를 '나'로 하는 것이지요. "나는 슬펐어" "나는 속상했어" "나는 화가 났어" 등.

감정조절 4단계에서 파악한, 내 감정의 원인을 나 전달법으로 전달하십시오. 감정을 유발한 자극이 정확히 무엇인지 확인하고 그 자극에 어떤 생각이 들었으며 그 생각이 당신으로 하여금 어떤 감정을 들게 했는지 나 전달법으로 말하십시오.

나 전달법의 예

· (나는) 네가 일을 그만둔다니 참 섭섭해.

· 나는 네가 그렇게 말할때 오해받고 있다는 생각이 들어서 괴로워.

· 나는 그 모임에 날 부르지 않은 것이 너희들에게 내가 별로 중요치 않은 사람으로 생각되는 듯해서 정말 서운해.

다시 당신의 감정을 나 전달법으로 표현해 보십시오.

감정 전달 3단계 :
당신이 원하는 바를 전달하라

상처 주지 않는
감정 전달법

감정을 느꼈다면 당신이 원하는 바가 있었기 때문입니다. 그것이 무엇인지 파악하십시오. 상대방에게 그 마음을 표현하십시오. 그래야 불쾌한 감정이 재발하는 상황을 막을 수 있습니다.

감정 전달의 3단계

- 1단계: 상대방 입장 공감하기

  "네가 요새 너무 바빠서 약속을 깜빡 잊을 수 있다는 건 충분히 이해해."

- 2단계: 나 전달법으로 감정 표현하기

  "그런데 네가 약속을 자꾸 잊는 까닭이, 나와의 약속을 별로 중요하게 여기지 않는 것처럼 생각되어서 나는 참 서운해."

- 3단계: 원하는 바 전달하기

  "앞으로는 약속을 조금만 더 잘 지켜주었으면 좋겠어."

(1단계) 김대리. 자네가 요새 맡은 일이 많아서 경황이 없어 그럴 수 있다는 건 이해해.

(2단계) 하지만 내가 시킨 일을 자꾸 깜빡하는 게 나를 무시하는 것처럼 여겨져서 당황스럽고 화가 나네.

(3단계) 많이 바쁘겠지만 서로 맘 상하지 않게 앞으로는 잊지 말고 제때에 해주었으면 좋겠어.

실습 11. 효과적인 감정 전달

최근 불쾌했던 감정을 느낀 상황을 떠올려 보십시오. 그때 당신이 불쾌한 감정을 느낀 대상은 누구였습니까? 그 사람에게 당신의 감정을 표현해 보시기 바랍니다.

1. 어떤 상황이었는지 구체적으로 기술해 보세요.

2. 당신을 불쾌하게 한 사람은 누구입니까?

3. 자 , 이제 상대방에게 당신의 감정을 표현해 보십시오.

1) 1단계: 상대방의 입장과 감정을 이해하고 있음을 전달하십
시오.

2) 2단계: 당신의 감정과 그 원인을 나 전달법으로 얘기하십
시오.

3) 3단계: 당신의 감정과 관련해, 상대방에게 진정으로 원하는
것이 무엇인지 전달하십시오.

부록 : 감정 단어 목록[8]

다음은 감정을 표현하는 데 사용되는 단어들입니다. 감정을 표현할 때 참고할 수 있도록 임의로 정리해 보았습니다.

불쾌한 정서

긴장·불안·두려움

긴장된, 초조한, 조바심 나는, 안절부절못하는, 전전긍긍하는
안달복달하는, 조급한, 조심스러운, 걱정스러운, 겁나는, 겁먹은
굳어버린, 다리가 후들거리는, 떨리는, 불안한, 손에 땀을 쥐게 하는
무서운, 두려운, 소름끼치는, 애타는, 얼어붙은, 숨이 막힐 듯한
심장이 멎는 듯한, 등골이 오싹한, 공포스러운

분노

화난, 분한, 울화가 치미는, 분개한, 격분한, 성난, 열 받은, 신경질 나는
짜증나는, 약오른, 고양된, 격노한, 머리 뚜껑이 열리는, 욱하는

놀람

깜짝 놀란, 덜컥하는, 기막힌, 경악을 금치 못하는, 아찔한, 쇼크 먹은
아연실색하는, 어안이 벙벙한, 움찔하는, 충격적인, 하늘이 무너지는
할 말을 잃은, 황당한

---

8) 《정서 조절 코칭북》의 '감정 단어 목록'을 수정한 것입니다.

외로움

쓸쓸한, 고독한, 고립된, 외로운, 처량한, 처절한

슬픔 · 절망 · 무기력

상심한, 슬픈, 기운 없는, 눈물이 나는, 서글픈, 코가 시큰한
기분이 처지는, 불행한, 서러운, 무기력한, 암담한, 앞이 안 보이는
우울한, 울고 싶은, 울적한, 우수에 젖은, 의기소침한, 위축된, 침울한
의욕 없는, 절망하는, 주눅 든, 막막한, 희망이 없는, 힘 빠진, 맥 빠진
힘없는, 낙심한, 기분이 가라앉는, 참담한, 가슴이 찢어지는
다리가 후들거리는, 비통한, 후회스러운

고통스러움

고통스러운, 괴로운, 비참한, 상처받은, 속상한, 억울한, 억장이 무너지는
가슴이 찢어지는, 원통한 참담한, 한 맺힌, 한스러운

고민스러움

고민되는, 성가신, 짜증스러운, 불편한, 귀찮은, 낭패스러운, 난감한
거슬리는, 신경이 날카로운, 예민해진, 민감해진, 심란한, 마음이 복잡한
힘겨운, 부담스러운, 중압감을 느끼는, 수심에 찬

당황

겸연쩍은, 곤혹스러운, 난처한, 당혹스러운, 어리둥절한, 멋쩍은, 민망한

수치심 · 죄책감

부끄러운, 쑥스러운, 창피한, 수치스러운, 죄스러운

단절감

멍한, 몽롱한, 무감각한, 냉담한, 거리감이 느껴지는, 냉랭한, 넋이 나간
단절된, 마비된, 마음이 닫힌, 물러선, 무감동한, 무관심한, 무신경한
무심한, 시큰둥한, 따분한, 심드렁한, 싸늘한, 얼이 빠진, 재미없는
흥미 없는

불만족 · 서운함

뚱한, 고까운, 기분 상한, 낙담한, 뒤틀린, 망연자실한, 불만족, 서운한
섭섭한, 실망한, 심통 나는, 야속한, 원망스러운, 좌절스러운, 거슬리는
못마땅한

불안정감

불편한, 산만한, 찜찜한, 동요되는, 마음이 편치 않은, 망설이는
아리송한, 안심이 안 되는, 신경 쓰이는, 불안정한, 미심쩍은, 어리둥절한
얼떨떨한, 주저하는, 의아한, 의심스러운, 안절부절못하는
어쩔 줄 모르는, 미칠 듯한, 혼란스러운

부러움

샘나는, 애타는, 간절한, 못 견디는, 부러운, 안달하는, 질투 나는

혐오감

싫어하는, 승오스러운, 구역질 나는, 기피하고 싶은

경멸

비판적인, 거부적인, 무례한, 씁쓸한

흥분

설레는, 들뜬, 날아갈 듯한, 벅찬, 가슴이 터질 듯한, 신나는, 각성된
고양된, 기쁨에 넘치는, 뛸 듯이 기쁜, 만끽하는, 매혹된, 야릇한
열렬한, 자극 받은, 열정적인, 우쭐한, 짜릿한, 통쾌한, 황홀한, 흥분되는
환희에 찬, 하늘로 붕 뜨는 듯한

즐거움

기쁜, 기분 좋은, 반가운, 상쾌한, 유쾌한, 재미있는, 좋은, 즐거운
흥겨운, 명랑한, 쾌활한

만족

만족스러운, 충족된, 행복한, 흐뭇한, 흔쾌한, 흡족한, 흥겨운
마음에 드는, 충만한

편안함

이완된, 잔잔한, 진정된, 차분한, 고요한, 긴장이 풀린, 마음이 놓이는
맑은, 안도하는, 안락한, 안심되는, 안정된, 유유자적하는, 침착한
편안한, 평온한, 평화로운, 한가로운, 포근한

사랑스러움

다정한, 따뜻한, 마음이 끌리는, 마음이 통하는, 애틋한, 사랑을 느끼는
사랑이 넘치는, 애정을 느끼는, 애착이 가는

자비심

동정심을 느끼는, 마음이 쓰이는, 온화한, 자애로운, 푸근한, 친근한

감동

찡한, 가슴 뭉클한, 감격한, 감동스러운, 감사하는, 고마운, 깜짝 놀란
놀라운, 신기한, 경이로운

활력

밝은, 생기 있는, 발랄한, 기운 찬, 기운이 나는, 신선한, 살아있는
상쾌한, 생생한, 되살아난, 열의가 생기는, 쾌활한, 의욕이 넘치는
활기가 넘치는, 활기찬, 힘이 넘치는, 힘찬

자신감

뿌듯한, 당당한, 의기양양한, 긍지를 느끼는, 자랑스러운, 자부심을 느끼는
자신 있는, 자신만만한, 확고한, 확신하는

희망

기대하는, 낙관하는, 기운을 내는, 용기를 얻은, 자신감을 얻은
희망을 느끼는, 가슴 벅찬

흥미

재미있는, 관심이 가는, 궁금한, 흥미로운, 홀린, 넋이 빠진, 도취한
마음을 뺏긴, 매료된, 몰두하는, 열심인, 열중하는, 열렬한, 몰입하는
무아지경인

나는 왜 감정에 서툴까?

1판 1쇄 발행 2014년 1월 24일
1판 6쇄 발행 2021년 12월 10일

지은이 이지영
펴낸이 고병욱

펴낸곳 청림출판
등록 제1989-000026호
주소 06048 서울시 강남구 도산대로 38길 11 청림출판(주) (논현동 63)
제2사옥 10881 경기도 파주시 회동길 173 청림아트스페이스 (문발동 518-6)
전화 02)546-4341 **팩스** 02)546-8053

www.chungrim.com
cr1@chungrim.com

© 이지영, 2014

ISBN 978-89-352-0995-8   (13180)

잘못된 책은 교환해 드립니다.